다림인성학교 ❺

불평등,
해결할 수 없는 문제일까?

다림인성학교 ❺
불평등, 해결할 수 없는 문제일까?

초판 1쇄 발행 2024년 10월 2일

글쓴이 하승우
그린이 유현진

편집장 천미진 | 책임편집 김현희 | 편집 최지우
디자인 최윤정 | 마케팅 한소정 | 경영지원 한지영

펴낸이 한혁수 | 펴낸곳 도서출판 다림 | 등록 1997. 8. 1. 제1-2209호
주소 07228 서울시 영등포구 영신로 220 KnK 디지털타워 1102호
전화 02-538-2913 | 팩스 070-4275-1693 | 전자 우편 darimbooks@hanmail.net
블로그 blog.naver.com/darimbooks | 다림 카페 cafe.naver.com/darimbooks

ISBN 978-89-6177-339-3 (73330)
ISBN 978-89-6177-936-4 (세트)

ⓒ 하승우, 유현진 2024

이 책 내용의 일부 또는 전부를 사용하려면 반드시 저작권자와 도서출판 다림의 서면 동의를 받아야 합니다.
책값은 뒤표지에 있습니다.

제품명: 불평등, 해결할 수 없는 문제일까?	제조자명: 도서출판 다림	제조국명: 대한민국
전화번호: 02-538-2913	주소: 서울시 영등포구 영신로 220 KnK 디지털타워 1102호	
제조년월: 2024년 10월 2일	사용연령: 10세 이상	

⚠ 주 의
아이들이 모서리에 다치지 않게 주의하세요.

※ KC마크는 이 제품이 공통안전기준에 적합하였음을 의미합니다.

다림인성학교 ❺

불평등,
해결할 수 없는 문제일까?

다림

함께 행복해지는 방법은 어렵지 않아.
옳지 못한 차별에 같이 항의하고
잘못된 편견을 서로 얘기하며 바로잡고
서로의 차이에 관심을 가지는 것에서 시작해.
더 평등한 세상을 향해!

● 작가의 말 ●

"평등한 세상이 필요한 이유는 뭘까?"

사람은 각자 다르게 태어나. 한 가족이라고 해도 생김새나 성격, 취향이 모두 달라. 각자 타고난 능력도 다르고. 그러니 각자 잘하는 일도 사람마다 다를 수밖에 없어. 그런데 왜 모두가 차별 없이 같은 대우를 받아야 한다는 평등을 주장할까? 속이 곪으면 터지듯이 소수의 사람만 행복하고 다수가 불행한 사회는 오래 유지되기 어렵겠지. 한 사회가 유지되려면 다양한 능력이 필요하고 각기 다른 재능이 충분히 발휘되어야 사회가 발전할 수 있어.

그럼에도 인류 역사를 살펴보면 평등의 역사보다는 불평등의 역사가 훨씬 오래되었어. 평등의 역사란 불평등에 대해 끊임없이 문제를 제기해 온 역사라고 볼 수 있어. 노예 제도가 당연하게 받아들여질 때 누군가가 그 문제를 지적했기 때문에 노예 제도는 사라질 수 있었어. 한 사람이 다른 사람을 마치 재산처럼 소유하고 그 사람만이 아니라 가족들까지 힘으로 지배했던 노예 제도는 지금은 끔찍한 폭력이지만 그 당시에는 당연한 일이었어.

이뿐만이 아니야. 어떤 핏줄이 다른 핏줄보다 뛰어나다는 편견에 맞서 싸우는 노력이 있었기에 신분 제도가 없어질 수 있었어. 흑인이나 유색 인종보다 백인이 우월하다는 차별에 맞서 싸웠기에 인종주의도 사라질 수 있었고. 불평등에 용감히 맞선 사람들이 사회를 한 걸음씩 발전시켰어.

이게 무슨 뜻일까? 평등은 개인의 차이가 없다고 주장하는 것이 아니라 그런 차이가 사회적 권리, 개인의 인격과 가치 등에 영향을 미치는 것을 옳지 않다고 주장하는 거야. 개인의 능력이 다른 사람보다 뛰어날 수 있지만 그것이 다른 사람의 능력을 무시해도 좋다는 건 아니잖아. 사람의 능력은 다양하고, 그런 다양한 능력이 빛을 보도록 해 주는 사회가 좋은 사회야.

가난하게 태어났다고, 힘이 약하다고, 장애가 있다고 그 사람의 가치가 다른 사람보다 낮거나 사회에서 부당한 대우를 받아야 하는 건 아니야. 오히려 그 사람이 다른 사람과 동등하게 성장할 수 있도록 사회가 보장하는 것이 필요해. 그런 점에서 평등은 개인과 사회의 성장과 행복에 매우 중요해. 이 책을 통해 평등을 이해하고 평등을 실현하기 위해 살아간다면 조금은 더 나은 세상을 만들 수 있겠지. 그러니 같이 고민하고 노력하자고!

하승우

● 차례 ●

작가의 말　6

1. 평등은 무엇일까?

평등, 다르다고 차별받지 않을 권리　14
공평과 평등은 무엇이 다를까?　17
기회는 평등하게, 과정은 공정하게　21
과정이 공정하면 결과는 불평등해도 괜찮을까?　24

2. 불평등과 공정 사회

능력에 따른 차별은 정당할까?　32
능력주의란 무엇일까?　35
출발선이 다른 경쟁　38
평등을 추구해야 하는 이유　41

3. 불평등의 역사

신분제와 시민 혁명	48
경제 발전과 빈부 격차	52
흑인은 자리에 앉을 수 없습니다	56
고졸과 대졸, 임금을 다르게 줘도 될까?	62
돈 벌려면 서울로 가야 한다?	65
정규직과 비정규직	68
성별 임금 격차와 유리 천장	71
자유롭게 이동할 권리	74
차별과 혐오	77

4. 불평등과 싸우다

시대에 따라 달라지는 '권리'의 내용	82
호주제 폐지 운동과 성평등	87
노예제 폐지 운동과 형평	90
차티스트 운동과 참정권	94
노동 운동과 최저 임금	98
차별 금지 운동과 인권	102
장애인 운동과 이동권	105
청소년 운동과 아동의 권리	110

5. 완벽한 평등은 가능할까?

사회주의와 자본주의	114
경제가 성장하면 분배도 잘 이루어질까?	117
사회적 약자는 누구일까?	121
복지란 무엇일까?	125

6. 평등한 사회를 위한 제도

국민기초생활보장법	130
국민연금	132
기본 소득	134
평등 3대장 교육·주거·의료	138

1. 평등은 무엇일까?

평등, 다르다고 차별받지 않을 권리 · 공평과 평등은 무엇이 다를까? · 기회는 평등하게, 과정은 공정하게 · 과정이 공정하면 결과는 불평등해도 괜찮을까?

평등, 다르다고 차별받지 않을 권리

　평등이라는 단어를 국어사전에서 찾으면 "권리, 의무, 자격 등이 차별 없이 고르고 한결같음"이라고 나와. 그러니까 평등은 개인의 타고난 성격이나 능력, 특징과 관련된 말이 아니라 각 개인이 누리는 사회적 권리나 의무, 신분을 차별할 수 없다는 말이야. 사람은 누구나 제각기 다를 수밖에 없고, 그래서 그 차이를 없앨 수는 없어. 차이를 없애는 것이 바람직하지도 않고 말이야. 평등은 개인의 차이를 부정하고 모두가 똑같다고 주장하는 게 아니라 각자가 서로 다르더라도 사회적 권리나 의무를 동일하게 져야 한다는 거야.

　예를 들어, 아주 힘이 센 사람과 약한 사람이 있어. 힘의 세기는 두 사람의 차이야. 무거운 짐을 들 때는 힘센 사람이 필요하지. 그렇지만 짐을 옮길 거리를 계산하거나 짐을 옮길 도구를 만드는 데는 힘이 중요하지 않아. 그러니 짐을 옮기는 과제를 줬을 때 힘센 사람이 무조건 앞장설 필요는 없는 거야. 힘이 세다는 이유로 무조건 힘센 사람에게 막중한 책임을 지운다면, 그것 역시 불평등할 수 있어.

 이처럼 평등은 개인의 특성이 아니라 사람들의 관계에서 나타나. 다른 예를 들어 볼까? 성적 순서대로 반장을 시키는 학교가 있어. 공부는 선생님이 가르치는데 굳이 반장을 공부 잘하는 학생으로 정할 필요가 있을까? 반장의 역할은 같은 반 친구들과 학급의 일을 상의하고 같이 결정하는 것이니 소통을 잘하고 리더십이 좋은 사람이 맡는 게 옳지 않을까? 그러니 성적만으로 반장을 정하는 건 불평등한 거지.

 그리고 여러 학생이 돌아가며 반장을 맡으면 소통을 잘하고 학급을 잘 이끄는 리더십을 갖춘 학생들의 수가 늘어나지 않을까? 이미 그런 능력을 가진 사람이 반장을 맡는 것도 좋지

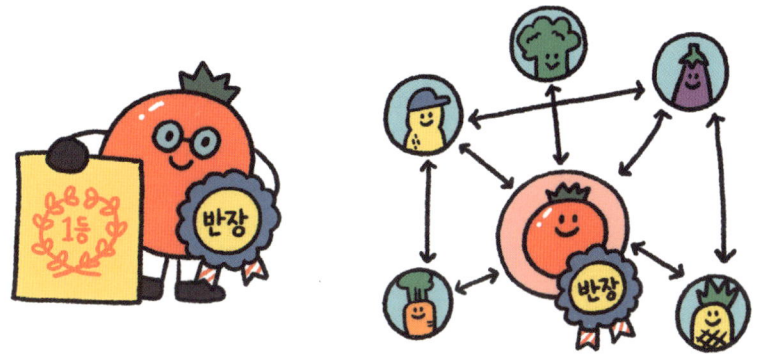

만 그런 능력을 기를 수 있도록 다양한 학생들에게 기회를 주는 것도 필요하잖아. 잘하는 사람만 하지 않고 다양한 사람들이 기회를 가지면서 능력을 기를 수 있겠지. 이렇게 기회를 골고루 나누는 것이 바로 평등이야.

하지만 약자에게 공평한 기회를 주는 것만으론 평등이 실현되지 않는 경우가 많아. 힘센 사람이나 목소리가 큰 사람들이 있으면 충분히 이야기를 나누기도 어렵고, 서로의 차이를 인정하는 것도 생각보다 쉽지 않아. 가난한 사람과 부자의 격차가 너무 커져 버린 사회에서는 기회를 공평하게 주는 것만으론 평등이 실현되기 어려워. 격차를 줄이려는 노력이 필요하지.

그러면 평등이 우리 일상에 어떻게 적용되는지 조금 더 구체적으로 살펴볼까?

공평과 평등은 무엇이 다를까?

자, 모두에게 똑같은 기회를 주면 그 결과는 반드시 옳을까? 예를 들어 보자. 열 명에게 열 개의 빵을 나누는 좋은 방법이 뭘까? 한 명당 하나씩 나눠 주는 거겠지. 이건 공평한 거야. 한쪽에 치우치지 않고 골고루 나눠 주는 거니깐.

그런데 배가 무척 고픈 사람 세 명과 배가 부른 사람 세 명이 있어. 즉, 배고픈 정도가 각자 다른 거지. 한 명당 빵을 하나씩 나눠 주는 건 각자의 배고픈 정도를 생각하지 않은 거야. 그렇다면 배부른 사람은 빵을 반 개씩 받고, 배고픈 사람은 빵을 한 개 반씩 받으면 어떨까? 그러면 모두의 배가 적당히 부르겠지. 그리고 나중에 빵을 더 받았던 사람들은 배가 부를 때 자기 빵을 다른 사람에게 더 쉽게 양보할 수 있을 거야.

또 사람마다 먹는 양이 다른 경우도 있겠지. 그러면 빵을 나누는 방식이 중요한 토론 거리가 될 거야. 차별 없이 빵을 골고루 나눌 방법을 모두가 합의하는 게 가장 좋겠지. 그런 합의가 이루어지면 그걸 평등이라 부를 수 있을 거야.

공평

평등

이렇게 평등한 합의가 이루어지려면 무엇이 필요할까? 각자가 서로의 처지를 잘 알아야 할 거야. 서로 잘 모르면 상대방이 배가 고픈지 아닌지 알 수 없고 배가 고프다고 해도 내 것을 나누기가 쉽지 않잖아. 잘 모르면 더 달라고 하기도 어렵고, 더 주겠다고 하기도 어렵고. 그래서 평등에는 충분히 소통할 수 있는 구성원들 간의 관계가 중요한 거야.

그래도 빵처럼 눈에 보이는 것은 나눌 방법을 합의하기가 비교적 쉬워. 그에 비해 반장이나 시장, 대표 같은 사회적인 지위처럼 눈에 보이지 않는 것들을 나누는 방법은 합의하기가 쉽지 않아. 만약 모두가 반장을 하길 원한다면 어떻게 반장을 정하면 좋을까? 반장이 될 기회를 모두에게 공평하게 준다고 문제가 해결되지는 않아. 물론 돌아가면서 골고루 반장을 하는 방법도 있고, 반장의 역할에 맞는 기준을 정하는 방법도 있지. 중요한 건 평등해지려면 앞서 빵을 나눌 때 얘기했던 것처럼 구성원들이 같이 참여해서 그 방법을 합의해야 한다는 거야. 즉, 평등을 위해서는 과정이 중요해.

기회는 평등하게, **과정**은 공정하게

혹시 '기회균등'이라는 말을 들어 봤어? 누구에게나 똑같이 기회를 줘야 한다는 뜻이야. 그런데 똑같이 기회를 준다는 건 어떤 걸까? 참여할 기회를 모두에게 똑같이 보장하고 그 이후의 결과는 개인의 능력에 맡긴다는 거지. 그러면 공평한 결과가 나올 거라고 봐.

그런데 기회만 똑같이 주면 끝일까? 예를 들어, 비장애인과 장애인에게 똑같은 기회를 준다는 건 뭘까? 신체 장애를 가진 장애인과 비장애인이 같은 달리기 대회에 참가한다면 그건 평등한 걸까? 이런 경우에는 같이 달리기를 하더라도 장애의 유형에 따라 장애인을 배려하는 것이 평등하지 않을까?

그런 점에서 개인 능력의 차이로 인한 자연적인 불평등의 경우, 사회가 합리적으로 조정하는 과정이 필요해. 예를 들어, 노인이나 장애인이 청년이나 비장애인과의 신체 능력이나 정신 능력에 차이가 있을 수 있으니 이 차이는 사회나 정부가 조정해 줄 필요가 있어. 실제로 정부가 장애인을 고용하는 기업에 임금의 일정액을 지원하기도 해. 장애인이 일하는 속도와 비장애인이 일하는 속도가 같진 않으니까 장애인도 일할 수 있도록 그 격차만큼의 임금을 정부가 지원하는 거지. 그런 지원이 있어야 장애인도 비장애인과 함께 살아갈 수 있으니까.

스포츠 경기에서는 선수들의 실력 차이가 너무 클 경우 뛰어난 선수에게 불리한 조건을 주는 핸디캡(handicap)을 적용하고 있어. 대표적인 경기가 경마와 골프야. 경마에서는 경주마의 능력이 너무 차이 나면 경기하는 게 의미가 없으니까 잘 달리는 말에 올리는 장비의 무게를 더 늘리도록 했어. 말의 나이와 승패 기록, 훈련 상황 등을 고려해서 무게를 정해. 골프도 서로 다른 신체 조건을 가진 남자와 여자, 노인과 청년이 같이 경기할 수 있도록 점수를 낼 때 공을 더 많이 친 사람의 점수에서 핸디캡만큼 점수를 빼. 골프는 점수가 낮을수록 이길 확률이 높거든.

왜 이렇게 할까? 실력 차이가 너무 크면 경기가 재미없잖아. 경기가 재미없어지면 경기를 하는 사람도, 보는 사람도 줄어들겠지. 경마의 경우는 더 심하지. 좋은 말을 살 수 있는 사람이 경주를 이기게 되니 달리기도 전에 승부가 나고 그러면 경기할 필요도 없어. 시작하기도 전에 승부가 이미 결정된 경기는 불공정하잖아.

    그래서 공정한 과정을 만든다는 건 불이익이나 차별을 받는 사람은 없는지 꼼꼼하게 살피는 과정이기도 해. 단지 모두가 같은 출발선에서 시작하는 것만으로는 부족해.

과정이 공정하면 결과는 불평등해도 괜찮을까?

자, 그럼 개인의 능력 차이도 고려해서 적절한 핸디캡도 주고 경기를 시작했어. 과정이 공정하게 진행된 거지. 그리고 경기 결과에 따라 1등은 100만 원, 2등은 10만 원, 3등은 1만 원으로 각각 다른 상금을 받았어. 경기 상금이 총 111만 원인데, 1등이 그중 90퍼센트를 가져간 거야. 물론 1등이 가장 좋은 보상을 받아야 하겠지만, 다른 참여자들과 차이가 너무 커. 1등과 3등의 실력 차이가 있긴 하겠지만 그 보상이 백 배나 차이 나는 건 괜찮을까? 그 차이를 좀 줄이면 어떨까?

다른 예를 들어 볼게. 법을 만들고 국가 예산을 심의하는 곳이 국회이고, 국회에서 일하는 사람을 국회 의원이라 불러. 4년마다 이 국회 의원을 뽑는 선거를 실시해. 뽑는 방식은 선거구로 나뉜 지역에서 뽑는 지역구 방식과 정당이 받은 득표율로 뽑는 비례 대표 방식 두 가지야. 지역구 방식은 그 지역에서 가장 많은 표를 받은 1등이 국회 의원에 당선돼. 그런데 한 지역에서 투표권을 가진 유권자가 1만 명인데 투표율이 60퍼센트이고, 세 명이 출마해서 그중 40퍼센트의 표를 받은 사람이 당선됐다고 쳐. 그러면 당선자를 찍은 유권자는 모두 2,400명이야. 이 당선자는 전체 유권자의 24퍼센트의 지지만 받은 거야. 1/4의 지지도 못 받은 거지. 그럼에도 득표율이 가장 높다는 이유로 무조건 당선돼. 이게 올바른 결과일까?

그러면 다른 방법에는 어떤 게 있을까? 다른 나라에는 결선 투표 제도가 있어. 어느 한 사람이 유권자 절반 이상의 지지를 받지 못하면 투표를 다시 하는 거야. 전부 다 새로 하면 또 비슷한 결과가 나올 수 있으니 1등과 2등을 놓고 다시 투표하는 거지. 그러면 1, 2등을 한 사람은 지지를 더 받기 위해 등수에 못 든 후보들의 의견을 듣게 될 거고, 누군가는 절반 이상의 지지를 받을 거야. 선거를 치르는 비용은 더 많이 들겠지만 절반의 지지도 못 받는 사람이 중요한 결정을 내리는 건 막을 수 있으니 그 정도 비용은 치러야 하겠지.

패자 부활전 같은 제도도 있을 수 있지. 시험이나 경기를 치르는 날 갑자기 아플 수도 있고 사고로 참여하지 못할 수도 있잖아. 그러니 시험이나 경기를 한 번으로 끝내는 게 아니라 여러 번 치르고 점수를 합산하는 거지. 이처럼 여러 번의 기회를 주는 것도 결과의 격차를 줄이는 방법이 될 수 있어.

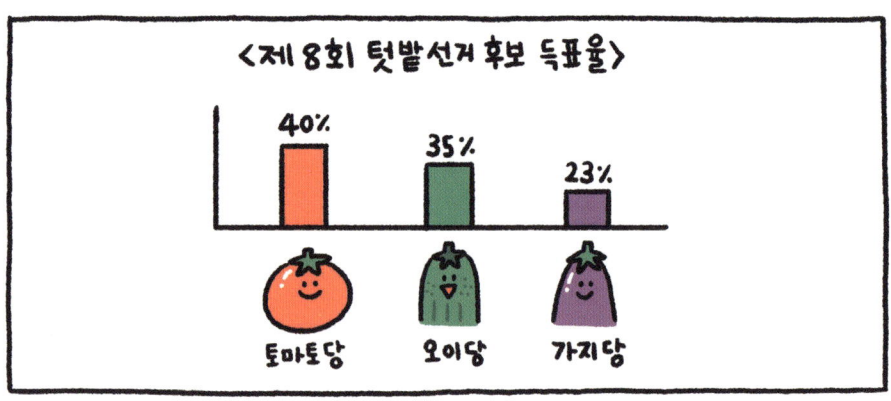

블라인드 테스트(blind test)

어떤 물건이 가장 좋은지 평가할 때 많이 쓰는 방법으로 블라인드 테스트라는 게 있어. 말 그대로 눈을 가리고 시험하는 거지. 사람에게는 편견이 있어서 더 비싸 보이거나 좋은 거라고 이미 알고 있는 게 있으면 그쪽으로 손이 가기 마련이거든. 그래서 그런 편견을 막기 위해 눈을 가리고 선택하는 거야. 예를 들어, 눈을 가린 상태에서 음료수를 하나씩 마신 뒤 가장 맛있는 순서대로 표시하는 거지. 가장 공정하고 과학적이라고 얘기되는 방법이야.

이 방법은 꼭 물건에만 사용되지 않아. 기업이 신입 사원을 뽑을 때 지원자의 출신 지역이나 출신 학교, 부모의 직업 등에 영향을 받지 않도록 면접관들에게 아무런 정보를 주지 않고 면접을 보는 걸 '블라인드 면접'이라고 해. 이렇게 뽑는 방식을 '블라인드 채용'이라고 하지. 면접관이 편견 없는 상태에서 지원자에게 질문하고 대답을 들으며 누가 적합할지 판단하는 거야. 서류 심사를 통과한 사람들만 면접을 볼 수 있으니 아무런 자격 조건이 없는 건 아니야. 일정한 자격을 갖춘 사람들을 대상으로 편견 없이 실력을 따져 보자는 거지.

  물론 사람이 하는 일이라서 블라인드 방식을 써도 편견이 완전히 사라지지는 않아. 눈을 가려도 자신에게 익숙한 맛이나 느낌을 따라가게 되고, 면접장에 들어가기 전에 면접관들에게 몰래 정보가 전달되거나 면접 과정에서 정보가 드러나기도 하니까. 그래도 블라인드 테스트는 눈에 띄는 편견을 줄이는 좋은 방법이야.

2. 불평등과 공정 사회

능력에 따른 차별은 정당할까? · 능력주의란 무엇일까? · 출발선이 다른 경쟁 · 평등을 추구해야 하는 이유

능력에 따른 **차별**은 정당할까?

　차별을 없앨 수 있는 여러 가지 장치를 만들고 과정을 최대한 공정하게 진행하면 결국 남는 중요한 기준은 그 사람이 가진 능력이야. 어떤 일에서건 사람들 간의 능력에는 차이가 있을 수밖에 없고, 앞서 봤듯이 그 차이에 따른 보상을 최대한 공정하게 조절하는 게 필요해.
　그런데 한 사람의 능력이라는 건 개인이 타고난 것일까? 어떤 재능은 능력이 되고 어떤 재능은 쓸모없는 것이 되는 건 재능이 발굴되고 길러지는 과정이 사람마다 달라서야. 즉 개인 능력의 차이가 개인의 재능에서 비롯되지는 않는다는 거지. 예를 들어, 힘이 센 사람은 운동선수가 될 수도 있고 목수가 될 수도 있고 군인이 될 수도 있어. 그 사람이 어떤 부모에게서 태어나고 어떤 환경에서 자랐는지에 따라 그 힘의 쓰임새가 달라진단 말이지. 그렇다면 재능 자체보다 재능을 발굴하고 기르는 과정이 훨씬 더 중요할 거야.
　각자 알아서 능력을 개발하라고 하면 힘 있고 돈 많은 집안

에서 태어난 사람들에게만 유리할 거야. 그래서 정부가 개인들의 차이를 고려해 필요한 공공 서비스를 제공하는 국가를 '복지 국가'라고 불러. 복지 국가는 아동과 여성, 노인, 장애인 같은 사회적 약자들이 교육, 의료, 일자리 등 다양한 분야에서 차별받지 않고 살아갈 수 있도록 돌봐 줘. 그래서 복지 국가는 평등을 잘 구현하는 나라라는 평가를 받아.

그렇지만 복지 국가라고 완벽한 건 아니야. 돈이 많은 사람, 정치인, 전문가들은 자신의 재산과 지위를 자식들에게 물려주려고 노력하고 그럴수록 격차가 점점 더 벌어져. 전 세계에서 사회적 격차가 없는 나라는 없어. 그 격차의 폭이 얼마나 넓고 좁은지에 차이가 있을 뿐이야. 한국은 어떨까? 안타깝지만 한국은 가난한 사람과 부자의 격차가 큰 나라에 속해.

능력주의란 무엇일까?

한국에서는 사람의 능력을 평가하는 방법으로 시험을 자주 사용해. 어떤 과목이나 자격에 관한 문제를 내고 답을 쓰도록 하는 거지. 학교에서도 시험을 많이 치잖아. 그렇다면 시험에 따라 줄을 세운 결과는 문제가 없을까?

혹시 '능력주의'라는 말을 들어 봤어? 능력주의란 한 사회의 재산과 지위를 나눠 주는 기준이 개인의 노력과 능력에 맞춰진 사회야. 노력해서 뛰어난 능력을 갖춘 사람이 좋은 성적을 받고, 재산을 모으고, 높은 지위를 가지니 공평한 사회처럼 보이지. 문제는 달리기를 시작할 때부터 출발선이 다르다는 거야. 성공은 각자의 노력에 달린 것 같지만 실제로는 성공으로 향하는 출발선 자체가 매우 달라.

『능력주의는 허구다』라는 책을 쓴 미국의 학자 스티븐 J. 맥나미와 로버트 K. 밀러 주니어는 개인의 능력을 구성하는 요소를 타고난 것과 타고난 건 아니지만 능력에 영향을 미치는 것으로 구분해. 능력을 구성하는 요소는 개인의 타고난 재능,

근면·성실함, 올바른 태도, 높은 도덕성 등이야. 보통 사회에서 능력으로 이야기하는 요소들이지. 그러면 능력과 관계없는데 영향을 많이 미치는 요소들은 뭘까? 부모의 경제적 지원과 가족의 계층 배경, 부의 세습, 특권의 대물림, 우수한 교육, 사회적 자본과 문화적 자본, 행운, 특혜 등이 있어. 부모의 재산과 지위뿐만이 아니라 내가 속한 사회의 교육과 복지의 수준도 개인의 능력에 영향을 미쳐.

위의 책을 쓴 사람들은 눈에 보이지 않는 형태로 상속되는 부모들의 유산을 '사회적 자본'과 '문화적 자본'으로 분류해. 사회적 자본은 학교나 직장, 동네에서 어떤 일을 할 때 도움을 받을 수 있는 사람들과의 관계를 가리켜. 도움을 줄 수 있는 사람들이 힘 있는 위치에 있으면 더 좋겠지. 그런데 이런 사람들은 보통 비슷한 학력이나 재산을 가진 사람들끼리 친해. 결국 부모의 능력과 관계가 자식들로 이어지는 경우가 많아. 이런 건 개인의 노력이나 능력과 무관하게 누군가의 성공에 큰 영향을 미칠 수 있어.

문화적 자본은 한 집단이 공유하는 가치와 규범, 신념, 스타일, 매너, 여가 활동, 상식 등을 얼마나 알고 있는가와 관련이 있어. 옛날에 귀족들이 식사하거나 스포츠를 즐길 때 지켰던 자신들만의 매너가 있잖아. 비슷하게 사회의 상류층에 속하는 사람들과 친해지려면 그들의 문화를 알아야 하는 거지. 물론 그런 문화를 공부할 수도 있지만 생활 속에서 자연스럽게 익히는 것이라 그렇게 산 사람과 그걸 공부한 사람의 차이가 생길 수밖에 없어. 성공한 사람들의 문화에 익숙하고 그들과 친한 사람들이 그만큼 성공할 가능성이 큰 거지. 이는 사회적인 배경이 어떤 사람과 그 사람이 하는 일에 대한 평가에 많은 영향을 미친다는 점을 뜻해.

 능력주의라는 말이 부정적으로 사용되는 건 마치 이런 배경 없이 노력과 능력만이 성공의 유일한 이유인 것처럼 얘기되기 때문이지. 즉 성공하지 못한 사람은 남들만큼 노력하지 않고 능력이 없어서 실패한 것처럼 생각하는 거야. 그 실패가 온전히 그 사람의 탓인 것처럼 얘기되는 게 능력주의의 문제야. 단지 조건과 상황이 안 좋고 도와줄 사람이 없고 운이 없어서 실패했을 수도 있는데 말이야.

출발선이 다른 경쟁

미국의 유명한 미식축구 감독인 배리 스위처는 "어떤 사람들은 삼루에서 태어났으면서 자신이 삼루타를 친 것처럼 생각하며 살아간다."라는 말을 했어. 무슨 뜻일까? 누구는 좋은 집안에서 태어나 좋은 교육을 받고 다양한 관계를 맺고 고급문화를 즐기며 그렇지 못한 사람들보다 훨씬 더 좋은 출발선에서 시작해. 그러면서도 마치 자신이 노력해서 그 자리에 온 것처럼 생각하고 다른 사람들이 노력하지 않아서 자기처럼 살지 못한다고 생각하는 거지.

한국에도 그렇게 삼루에서 태어난 사람들이 많아. 부모의 부와 사회적인 지위가 자식에게 대물림되는 사회를 '세습 사회'라고 해. 우리나라 국민 소득 대비 상속·증여 비중은 매년 늘고 있어. 이는 돈을 벌어 재산을 만드는 것보다 부모의 부를 물려받는 것이 계층 상승과 재산 형성에서 점점 더 중요해지고 있다는 점을 보여 줘.

그런데 사람들은 대물림을 비판하면서도 여전히 이긴 사람이 모든 걸 차지하는 경기 규칙은 별로 비판하지 않아. 한 번의 시험으로 승패를 결정짓는 것에 대해서도 말이야. 세습보다는 그게 더 공정하다고 생각하는 거지. 하지만 그런 생각은 세습은 비판하지만 특권을 인정한다는 점에서 또 다른 문제를 낳아.『한국의 능력주의』를 쓴 박권일은 특권을 그대로 둔 채 특권을 둘러싼 부패와 불공정에 분노하는 것은 음식을 한곳에 쌓아 두고 벌레가 꼬인다고 역정 내는 짓이나 다름없다고 얘기해.

이런 문제는 경제계, 정계, 법조계, 학계 등 각기 다른 영역의 지위들이 서로 연결되며 기존의 지위를 강화시킬 때 더욱더 심각해져. 예를 들어, 2024년에 실시한 22대 국회 의원 총선에서 당선된 국회 의원 300명 중 61명(20퍼센트)이 법조인 출신이야. 직업의 가짓수가 엄청나게 많음에도 특정 직업 출신이 20퍼센트를 넘는 건 문제라고 봐야 해. 왜 국회 의원 중에 법조인들이 많을까? 그건 한국에서 법조인이라는 지위가 능력과 특권의 상징이기 때문이야. 법조인이라는 직업이 삼루타를 친 것처럼 되는 거지.

한국에서 또 다른 삼루로 얘기될 수 있는 게 서울을 중심으로 한 수도권(서울특별시, 경기도, 인천광역시)이야. 수도권에는 정치, 경제, 언론, 문화, 모든 것이 집중되어 있기 때문에 수도권에 사는 사람들이 비수도권에 사는 사람들보다 더 많고 다양한 기회를 가질 수 있어. 생각해 봐. 대통령실, 국회, 대기업 본사, 은행과 중앙 언론사 등이 모두 수도권에 있잖아. 그러니 수도권에 집을 가지고 있거나 일자리를 구한 사람은 비수도권이나 농촌에 사는 사람들보다 더 많은 기회를 활용해 성공에 빠르게 다가설 수 있어. 지금도 전국의 많은 청년들이 수도권으로 몰려드는 건 바로 그 때문이야.

눈에 보이는 불평등도 있지만 이렇게 눈에 보이지 않는 불평등도 많아. 누군가는 처음부터 다른 사람에 비해 너무 무거운 짐을 지고 출발선에 서는 거야. 그러면 그 사람은 자신이 속한 이 사회를 사랑할 수 있을까?

평등을 추구해야 하는 이유

　이미 현실이 평등하지 않은데 굳이 평등을 추구해야 할 이유는 뭘까? 차별과 격차가 없는 사회란 비현실적인 환상이 아닐까? 그냥 내가 성공할 수 있는 길을 찾는 게 더 편하지 않을까? 이런 생각이 들 수 있어.

　그런데 말이야. 평등하지 않은 세상에서는 많은 사람이 불안과 공포를 느끼며 살 수밖에 없어. 자신이 태어나고 자란 사회에서 불행한 사람들이 사회를 좋아하고 지키려 할까? 오히려 이 사회가 붕괴하기를 바라지 않을까?

　소수의 성공한 사람들은 그 힘으로 당장은 자신을 보호할 수 있겠지만 그들 역시 다수의 노력에 힘입어 생활해야 해. 농민이 농사를 짓지 않으면, 노동자가 상품을 생산하지 않으면, 누군가가 서비스를 제공하지 않으면, 사회는 돌아가지 않아. 결국 사회의 붕괴는 모두의 삶을 붕괴시킬 거야. 그런 점에서 평등은 사회의 붕괴를 막는 중요한 장치야.

　평등한 사회를 바란다고 어마어마하게 큰일부터 시작할 필요는 없어. 지금 당장 모든 차별과 격차를 없앨 수는 없지만 부당한 것에 함께 문제를 제기하고 어려운 사람들을 조금씩 도울 수 있잖아. 평등은 힘 있는 사람들이 베푸는 은혜가 아니라 마땅히 존중받아야 할 권리를 보장받는 것이니 우리가 함께 만들어 가야 해.

공정하다는 것

　몇 년 전부터 한국에서 공정함에 대한 이야기가 많이 나오고 있어. 한국에는 아직도 일자리나 승진 평가 등에서 청탁이나 뇌물을 받거나, 혈연이나 학연에 의존하는 부패가 남아 있거든. 예전에는 그런 문제들을 드러내고 비판하지 못했는데 사회가 발전하면서 불공정함에 대한 비판의 목소리가 높아졌어.

　반면에 한국 사회는 여전히 경쟁 중심의 사회라서 사람들은 조금이라도 자신에게 불리하면 그것을 받아들이지 않으려고 해. 약자를 차별하면 안 된다고 생각하지만 그것이 자신의 이익에 영향을 미치면 거부 반응을 보여.

　예를 들어, 복지를 강화해야 한다고 생각하지만 세금을 더 내는 것은 반대하고, 장애인을 배려해야 한다고 생각하지만 시위로 인해 버스나 지하철 시간이 늦어지는 건 싫어해. 공정하게 분배해야 한다고 생각하지만 능력에 따라 차별하는 건 필요하다고 생각해. 그래서 우리나라는 경쟁의 규칙에 민감한 반면 경쟁하는 타인의 입장이나 상황에는 둔감해.

부패를 없애고 과열된 경쟁을 해소하면서 평등한 사회를 만들려면 어떻게 해야 할까? 가장 필요한 건 소수에게 집중된 자원과 기회를 평등하게 나눠서 갈등을 줄이는 거야. 2021년에 영국의 여론조사기관 입소스가 발간한 보고서에 따르면 한국은 전 세계 28개국에서 갈등이 심각한 나라 중 하나로 꼽혔어. 열두 개 갈등 항목 중에 한국은 일곱 개 항목에서 1위를 차지했는데, 가장 높은 갈등이 바로 빈부 격차에 따른 갈등이었어. 조사 대상 국가들의 평균이 74퍼센트인데, 한국은 91퍼센트가 빈부 격차에 따른 갈등이 심각하다고 답했어. 그리고 한국은 성별과 세대 갈등이 심각하다고 답한 비율이 80퍼센트로 평균 40퍼센트대보다 두 배나 높았어. 사회의 격차가 계속 벌어져서 불평등하니까 자연히 갈등도 심각해질 수밖에 없어. 서로의 입장을 생각할 여유가 없는 거야.

그렇다면 사회의 자원과 기회를 평등하게 나누는 방법엔 무엇이 있을까? 가장 기본적인 것은 복지를 확대하고 사회 안전망을 강화하는 거야. 관련 내용은 5장과 6장에서 함께 알아보자!

3. 불평등의 역사

신분제와 시민 혁명 · 경제 발전과 빈부 격차 · 흑인은 자리에 앉을 수 없습니다 · 고졸과 대졸, 임금을 다르게 줘도 될까? · 돈 벌려면 서울로 가야 한다? · 정규직과 비정규직 · 성별 임금 격차와 유리 천장 · 자유롭게 이동할 권리 · 차별과 혐오

신분제와 시민 혁명

인류의 역사에서 불평등은 다양한 형태로 나타났어. 인간이 인간을 소유하고 지배하는 노예 제도가 불평등의 대표적인 사례라는 건 앞에서도 얘기했지. 여성에게 투표권이나 재산을 가질 권리가 없던 시절도 있었고, 흑인을 차별하는 것이 당연했던 시대도 있었어. 심지어 지금도 부자와 가난한 사람의 격차는 계속 벌어지고 있어. 여전히 해결해야 할 불평등이 많아.

혹시 프랑스 대혁명이라고 들어 봤어? 1789년에 프랑스의 시민들은 국왕이 지나치게 많은 세금을 거두며 폭정을 일삼는 것에 저항하며 혁명을 일으켰어. 파리의 시민들은 '인간과 시민의 권리 선언'을 선포했고, 이 선언 제1조는 "인간은 자유롭고 평등한 권리를 지니고 태어나서 살아간다."고 규정했어. 지금은 너무 당연한 말처럼 들리지만 그때는 엄청난 이야기였어.

그러면 한국에서는 언제 평등을 선언했을까? 1886년에 당시 임금이던 고종은 노비 세습 제도를 폐지했어. 억지로 노비가 되었던 사람들에게도 노비에서 벗어날 기회가 주어진 거지. 그렇지만 신분 제도가 완전히 사라진 건 아니었어. 1894년에 개화를 이끌던 관료들이 '갑오개혁'을 실시하면서 신분 제도가 공식적으로 사라졌어. 이때 양반과 상민의 구별을 없앴는데, 일반 백성들을 위해 좋은 뜻으로 신분 제도를 폐지한 건 아니고, 당시 농민들이 평등을 주장하며 동학 농민 운동을 벌이자 불만을 누그러뜨리기 위한 것이었어.

• **개화** 새로운 제도, 사상, 문물 등을 받아들이는 것.

이렇게 시민들의 저항을 받으면서 타고난 핏줄에 따른 신분 차별은 서서히 사라져. 신분 제도가 무너졌으니 모든 사람이 평등해졌을까? 그렇지는 않아. 그 당시 불평등의 가장 큰 원인이었던 신분 제도는 사라졌지만 다른 불평등이 모습을 드러내기 시작했거든.

그리고 하나의 불평등이 다른 불평등으로 이어지기도 해. 대표적인 것이 빈곤이야. 예를 들어 가난한 사람이 병을 제때 치료하지 못해서 건강을 잃는 '건강 불평등', 가난한 사람이 좋은 음식을 제대로 먹지 못해서 나타나는 '먹거리 불평등', 가난한 사람이 인터넷이나 데이터 등을 자유롭게 이용하지 못해서 생기는 '디지털 불평등' 등이 있어. 그런 점에서 빈곤은 여러 다른 불평등을 낳는 중요한 원인이기도 해.

물론 이러한 불평등은 꼭 가난해서만 생기는 건 아니야. 수도권에 살고 있지 않다는 이유로, 디지털 기술을 잘 사용하지 못한다는 이유로도 불평등은 발생해. 빈곤 말고도 불평등을 낳는 원인에는 어떤 것들이 있는지 함께 살펴볼까?

경제 발전과 **빈부 격차**

프랑스 대혁명에 적극적으로 참여했던 사람 중에는 재산과 기업을 가진 사람들이 있었어. 재산은 많은데 신분이 낮다는 이유로 차별을 당했던 사람들이 신분 질서를 무너뜨리기 위해 혁명에 참여한 거지.

여러 차례 혁명이 일어나고 신분 질서가 무너지면서 강제로 일을 시키는 경우는 사라졌지만 가난한 사람들은 여전히 생활을 위해 돈을 벌어야 했어. 옛날에는 형식적일지라도 지위가 높은 사람들이 가난한 사람들을 돌볼 책임을 지기도 했는데, 신분 질서가 무너지면서 그런 책임도 사라졌거든. 그래서 가난한 사람들은 자신의 노동력을 팔고 임금을 받게 되었어. 노예처럼 자기 자신을 판 게 아니라 일정 시간 동안 일하는 노동력을 판 것인데 일자리가 많지 않다 보니 고용주의 부당한 지시를 거부하기 어려웠어. 그러다 보니 관계가 점점 더 불평등해졌어.

가난한 사람들이 돈을 벌기 위해 노동력을 팔게 된 것과 함께 돈에 대한 인식도 달라졌어. 예를 들어, 옛날에는 돈을 빌려 주고 높은 이자를 받는 고리대금업에 대한 인식이 매우 나빴어. 땀 흘려 일해서 돈을 버는 게 아니라 높은 이자를 받아 돈을 버는 건 나쁜 짓이라고 생각했어. 성경에도 돈놀이하지 말라고 적혀 있을 정도였으니까. 하지만 돈 많은 사람들의 영향력이 커지면서 돈이 사람을 평가하는 중요한 기준이 되어 버렸어. 그러면서 차별도 정당화되기 시작했어.

처음에는 경제가 발전하면 가난한 사람과 부유한 사람의 격차, 즉 빈부 격차가 줄어들 거라 기대했어. 부의 총량이 늘어나면 서로 나눌 거라고 생각했으니까. 그러나 돈의 영향력이 커지면서 본격적으로 빈부 격차가 벌어지기 시작했어. 산업이 발전하고 상품과 서비스의 양이 늘어나면 그만큼 많은 사람이 풍족한 삶을 누릴 수 있을 거라고 생각했는데 오히려 가난한 사람이 더 늘어났어. 왜 그렇게 된 걸까?

예를 들어, 큰 공장을 가진 자본가는 많은 노동자를 고용해 일을 시키고 상품을 판매한 이윤을 거의 다 가져갔어. 상품이 잘 팔릴수록 사장은 더 부자가 되고 또 다른 곳에 공장을 세워 더 많은 돈을 벌겠지. 하지만 노동자들은 정해진 낮은 임금만 받고 오랜 시간 일해야 했어. 자신이 만든 상품조차 살 형편

이 안 되는 경우가 많았어. 열심히 일하면 가난에서 벗어날 줄 알았는데 노동자에게는 자신이 만든 부를 나누자고 할 권한이 없었어.

프랑스의 경제학자 토마 피케티에 따르면, 우리 시대의 불평등은 18세기 후반 산업 혁명 이후 불평등이 정점에 달했던 시기와 비슷하대. 2021년 12월에 발표된 세계불평등연구소의 보고서는 세계 상위 10퍼센트가 전 세계 소득의 52퍼센트를, 전체 자산의 76퍼센트를 소유하고 있다고 밝혔어. 반면에 하위 50퍼센트의 사람들은 전체 소득의 8.5퍼센트, 자산의 2퍼센트만을 가질 뿐이야. 그 격차가 엄청나지.

한국도 상위 10퍼센트가 국가 전체 소득의 46.5퍼센트를 차지하고 하위 50퍼센트는 16퍼센트만 가져갔어. 상위 10퍼센트의 1인당 소득은 하위 50퍼센트보다 열네 배나 많았어. 경제가 발전할수록 소득 격차가 커지고 불평등도 늘어나는 문제가 심각해지고 있어.

출처: 세계불평등보고서 2022

흑인은 자리에 앉을 수 없습니다

　미국에서는 1861년에 시작된 남북 전쟁이 끝난 뒤인 1865년에 노예 제도를 폐지하는 헌법이 통과되었어. 그러나 흑인에 대한 차별이 바로 사라진 건 아니었어.

　로자 파크스라는 미국의 한 흑인 여성이 있었어. 1950년대에도 미국은 흑인과 백인을 구분하고 인종 차별이 심한 나라였어. 식당에 흑인이 출입하는 문과 백인이 출입하는 문이 따로 있고, 버스를 타도 흑인 좌석과 백인 좌석이 따로 있었어. 1955년 12월 1일, 로자 파크스는 버스 좌석에 앉아 있었어. 그런데 버스 자리가 꽉 차서 백인 승객이 앉을 좌석이 없자 버스 기사는 로자 파크스에게 자리를 양보하라고 했어. 로자 파크스는 이를 거부했고 경찰에 체포되었어. 이 사건에 분노한 도시의 흑인들이 버스 탑승을 거부했고, 이 운동은 1년 이상 이어졌어. 결국 미국의 연방 대법원이 인종 간의 공간 분리에 관한 규칙과 법률이 미국 헌법을 위반한다는 판결을 내리고 난 뒤에야 흑인들의 시위는 끝났어.

차별이 벌어진 건 버스만이 아니야. 1957년 9월에 미국 아칸소주 리틀록(Little Rock)시에서 흑인 학교와 백인 학교의 통합을 추진하자 백인들이 엄청나게 반대했어. 시민만이 아니라 정치인들도 반대했어. 심지어 주지사가 주 방위군을 출동시켜서 흑인 학생들의 등교를 막을 정도였어. 결국 연방 정부가 연방군과 공수 부대를 투입해서 흑인 학생의 등교를 도와줘야 했어. 1960년대에도 흑인들의 시민권을 보장받기 위한 긴 싸움이 이어졌어. 흑인의 권리를 지지하던 마틴 루서 킹 목사가 1968년에 암살되기도 했어.

민주주의의 나라로 알려진 미국에서 1960년대까지 이런 일이 있었다니 놀랍지 않니? 제도가 바뀌어도 사람들의 인식이 바뀌는 데는 아주 긴 시간이 필요해. 그런데 이것이 미국만의 일일까? 통계청에 따르면 한국의 이주 배경 인구(본인이나 부모 중 어느 한쪽이 외국 국적을 가졌거나 가진 사람, 귀화한 사람이나 이민자 2세, 외국인)가 2022년 220만 명(전체 인구의 4.3퍼센트)에서 2042년에는 404만 명(8.1퍼센트)까지 늘어날 거라고 해. 그리고 많은 외국인 노동자가 한국에서 일하고 있지. 우리는 이들을 차별하지 않고 평등하게 대우하고 있을까?

안타깝지만 한국에서도 외국인 노동자들이 인간답게 대우

받지 못하거나 임금을 제대로 받지 못하는 사례들이 언론에 보도되고 있어. 이주 결혼 여성과 이민자 2세에 대한 차별과 폭력 범죄도 큰 사회 문제야. 앞으로 한국에서도 인종 차별이나 인종 간의 화합과 같은 주제가 중요해질 거야. 인구는 줄어드는데 이주민은 계속 늘어나니 앞으로 불평등과 관련해 가장 중요한 주제가 될 수 있어.

이주민들의 인권 문제가 점점 더 심각해지자 2019년 12월, 정부 기구인 국가인권위원회는 이주민 정책의 10대 가이드라인을 제시했어. 이 가이드라인은 인종 차별을 금지하고 이주민이 평등하게 존중받을 권리를 보장할 것, 이주민에게 공정하고 우호적인 조건에서 노동할 권리를 보장할 것, 이주 아동에게 아동 이익 최우선의 원칙을 보장할 것 등을 제안했어. 정부가 제시한 가이드라인이니 이런 내용이 일상생활에서 얼마나 지켜지고 있는지 잘 살펴봐야겠지.

노키즈존(No kids zone)도 불평등일까?

'노키즈존'이라고 들어 봤어? "우리 식당에는 8세 미만의 어린이 손님을 받지 않습니다" 이런 간판을 내건 식당이 대표적인 노키즈존 가게야. 아동이 들어올 수 없도록 제한하는 곳이지. 왜 아동의 출입을 제한할까? 아이들이 안에서 소리를 지르거나 뛰어다니면서 다른 사람들에게 불쾌감을 주거나, 사람이나 물건과 부딪쳐서 사고가 날 수 있기 때문이라고 해.

식당이나 카페에서 노키즈존을 선택하는 대표적인 이유는 안전사고 때문이야. 그렇지만 안전사고는 나이를 따지지 않아. 위험하니까 오지 말라고 하면 이불 밖은 다 위험한 거지. 아이가 위험한 행동을 하거나 다른 손님에게 피해를 주는데 일부 보호자가 이를 제지하지 않는다는 이유도 커. 그렇다고 어린이들의 출입을 아예 금지해 버려도 괜찮은 걸까? 여긴 내 가게니까 어린이는 들어오지 말라고 하면 어떻게 해야 할까?

노키즈존은 아동을 차별하고 인권을 침해한다고 봐. 실제로 한국 내 인권 문제를 다루는 국가인권위원회는 2017년에 노키즈존을 차별 행위로 보고 가게에 시정을 권고했어. 요즘은 노키즈존에 반대하되 부모들이 아동을 적극적으로 관리할 것을 요구하는 케어키즈존(care-kids zone), 아동의 방문을 환영하는 예스키즈존(yes-kids zone)이 만들어지기도 했지.

 단순히 가게에 출입할 수 있느냐, 없느냐보다 중요한 것은 아동에 대한 사회의 인식이야. 아동을 미성숙한 존재로 규정하고 보호의 대상으로만 보는 것은 아동을 차별하는 시선이야. 어린이가 청소년과 성인에 비해 미성숙한 면이 있겠지만 그것이 차별을 정당화시킬 만큼인지는 생각해 봐야 해. 노키즈존이 아이들이 사람들과 어울리고 관계를 맺으며 사회성을 키울 기회를 앗아 갈 수도 있거든. 그리고 아동을 배제하는 것이 보호자의 권리를 침해할 수도 있고.

 더구나 합리적인 이유 없이 어떤 존재를 차별하는 건 더 나쁜 감정인 혐오를 확산시킬 수 있어. 노키즈존뿐만이 아니라 노실버존(노인들은 들어오지 마시오), 노외국인존(이주 노동자들은 들어오지 마시오), 노장애인존(장애인들은 들어오지 마시오) 같은 잘못된 공간이 생기지 않을 거란 보장도 없어. 공간에 장벽이 생기면 우리는 서로를 이해하기가 점점 더 어려워질 거고, 갈등과 폭력이 공동체를 위협할 거야. 그런 일은 막아야겠지.

고졸과 대졸, 임금을 다르게 줘도 될까?

대한민국 정부와 경제협력개발기구(OECD)는 매년 학력별 임금 격차를 조사해서 발표하고 있어. 왜 정부가 이런 통계를 발표할까? 임금 격차가 계속 커지면 문제가 될 수 있어서겠지. OECD 발표에 따르면, 2021년 기준 한국의 고졸(고등학교 졸업) 노동자의 임금을 100만 원으로 잡았을 때 대졸(대학교 졸업) 노동자의 임금은 135만 원이야. 즉 대졸 임금이 35퍼센트 높은 거지.

왜 대졸 노동자의 임금이 높을까? 대학교에 다니면서 교육을 받아 일과 관련된 전문성을 높였고 학비도 썼으니 그만큼 더 받아야 한다고 생각할 수 있어. 그렇지만 대한민국의 경우, 대학교를 적성에 맞춰서 가는 경우가 적고, 전공에 맞춰 취직하는 경우는 더 적어. 그렇기 때문에 대학교를 나왔다고 해서 반드시 해당 직종에 전문성을 가지고 있다고 보기 어려워. 오히려 대학교에 가지 않고 고등학교 졸업 후에 바로 기업에 취직해서 실무를 익혀 온 노동자가 더 전문적일 수 있지. 더 전문적인 고졸과 그렇지 못한 대졸의 임금 격차가 크다면 그건 불평등한 거야.

보통 임금에 영향을 미치는 요소로 개인의 노력과 능력, 기술, 교육, 경험, 연령, 일한 연수, 일의 종류, 위험도 등을 얘기해. 학력별 임금 격차가 크다면, 대학교를 졸업하는 것이 이런 요소들에 긍정적인 영향을 미친다는 점을 증명해야 해. 하지만 지금은 그런 영향에 대한 측정 없이 학력에 따라 임금을 다르게 주고 있어.

그리고 앞서 능력주의에 관해 살폈듯이 어떤 사람의 능력과 성과라는 것은 개인을 둘러싼 환경의 영향을 많이 받잖아. 대학교에 다닐 비용은 그 사람의 능력보다는 부모의 능력이라 볼 수 있고, 성과라는 것도 성과를 내는 데 필요한 자원의 배분이 공정한지, 어느 정도가 개인의 책임인지 등을 따져 봐야 해. 그러니 대학교 졸업장이 임금의 결정 요소로 정말 중요한지에 대해서는 사람들의 의견이 다를 수 있어.

어쨌거나 지금은 대졸 임금이 높다 보니 점점 더 많은 청소년이 대학교에 입학하고 있어. 2023년 기준 한국의 대학 진학률은 76.2퍼센트로 OECD 국가 중에서 유일하게 70퍼센트 이상이야. 한국에서는 더 많은 임금을 받고 좋은 조건에서 일하려면 대학 졸업장이 필요하니 대학교에 갈 수밖에 없어.

그렇다면 학력에 상관없이 모두가 똑같은 임금을 받는 사회가 좋은 사회일까? 그렇지는 않겠지. 분명히 더 전문적인 기술과 훈련이 필요한 분야도 있을 테니 그에 적합한 교육을 많이 받고 전문적인 기술을 갖춘 사람이 더 많은 보상을 받아야 할 거야. 다만 서로 받는 임금의 격차가 너무 커져서 불평등하다는 생각이 들어서는 안 돼.

돈 벌려면 서울로 가야 한다?

다른 나라도 그렇지만 한국은 지역 간의 격차, 특히 수도권과 비수도권의 격차가 매우 큰 나라야. 서울특별시와 경기도, 인천광역시를 합쳐서 수도권이라 불러. 2023년 기준 수도권 인구는 2,619만 명으로 전체 인구의 50.6퍼센트야. 그런데 수도권의 면적은 대한민국 전체의 11.8퍼센트이니 좁은 면적에 많은 인구가 사는 셈이지.

왜 수도권에 사람들이 몰릴까? 일단 300인 이상이 일하는 기업의 절반 이상이 수도권에 있고(2021년 기준 58.3퍼센트), 대기업 본사들도 거의 다 서울에 있어(2021년 기준 74퍼센트). 일간지나 방송국 본사는 물론, 금융 기관의 본점도 서울에 있지. 국회, 대법원 같은 국가 기관들도 전부 서울에 있어. 국내 유수한 대학들과 각종 공연장, 대형 문화 시설도 수도권에 몰려 있는 판이야.

그러다 보니 새로운 일자리도 주로 수도권에서 생기고, 중요한 의사 결정도 수도권에서 이루어져. 심지어 수도권과 비수도권의 임금 격차도 계속 커지고 있어. 2021년 기준 상위 1퍼센트 근로 소득자 중에 수도권 직장에 다니는 사람의 비율은 77.1퍼센트야. 높은 임금을 받고 싶으면 수도권으로 와야 하는 거지. 내가 태어난 비수도권에 계속 살고 있으면 왠지 패배자가 된 것 같기도 하고.

그러다 보니 요즘은 '지방 소멸'이란 이야기가 나오기도 해. 농촌과 비수도권의 인구가 줄어들고, 청년은 떠나고 노인이 많아지면서 동네가 하나씩 없어지는 거지. 동네가 없어진다는 건 병원, 가게, 식당 같은 꼭 필요한 곳들이 사라지고, 버스 같은 대중교통 수단이 사라진다는 뜻이기도 해. 이미 면 단위 지방에서는 그런 곳들이 늘어나고 있어. 출산율보다 사망률이 훨씬 높으니 지금 상태로는 지방의 쇠락을 막기 어려워.

그런데 잘 생각해 봐. 수도권에 사는 절반의 인구가 먹고 생활하려면 누군가는 농사를 짓고 누군가는 에너지를 생산하고 누군가는 필요한 상품과 서비스를 제공해야 해. 수도권과 비수도권의 불평등이 심해져서 그 균형이 깨지면 수도권은 홀로 버틸 수 있을까? 사람처럼 지역의 성격도 다양한데, 그런 다양성이 사라진 사회는 유지될 수 있을까? 지역 간의 불평등은 결국 우리나라 전체를 위태롭게 만들 거야.

정규직과 비정규직

비정규직이라는 말 들어 봤어? 평등이라는 말이 불평등과 밀접한 관련이 있듯이 정규직이라는 말도 비정규직이라는 말과 관련이 깊어. 왜냐하면 비정규직이라는 말이 등장하기 전까지는 정규직이라는 말도 잘 쓰이지 않았거든. 한국의 법률에서 정규직이라는 말은 지금도 찾기 어려워. 비정규직이 일정 기간 고용되어 일하는 노동자를 가리키는 말이라면, 정규직은 정년(만 60세)까지 일하는 것이 보장된 노동자로 얘기될 뿐이야. 정규직이 있고 비정규직이 생겼을 것 같은데 사실은 반대야.

그렇다면 비정규직이라는 말은 언제 등장했을까? 아주 옛날부터 비정규직이 있었던 것 같지만 그렇지는 않아. 한국에서 비정규직이 등장한 것은 1997년에 한국이 외환 위기에 빠졌을 때야. 즉, 한국이 보유한 달러가 부족해서 우리 돈의 가치가 빠르게 떨어질 위기에 처했을 때였어. 그 당시 한국에 달러를 빌려주기로 했던 국제금융기구(IMF)가 권고한 것이 노동 시장의 유연화, 즉 임시직이나 파견 노동*을 허용하는 것이었어. 기업이 필요한 만큼 노동자를 고용했다가 일이 없어지면 해고하기 쉽게 한 거지.

물론 짧은 시간 동안 일하는 사람들이 그전에 없었던 것은 아니야. 그렇지만 그전에는 특별한 경우에만 허용됐어. 1997년 이후에 비정규직이 일반적인 노동 형태로 받아들여졌지. 비정규직은 고용 기간만 짧은 게 아니라 노동 조건, 즉 임금이나 복지, 일하는 방식에서도 차별을 받았어. 이런 문제들이 계속 생기다 보니 2006년에 비정규직보호법을 제정해 비정규직에 대한 불합리한 차별을 금지했어. 이 법은 노동자를 2년 이상 고용할 경우 정규직으로 전환할 것, 똑같거나 비슷한 일을 할 경우 정규직과 차별하지 말 것을 규정했어. 그런데 실제 노동 현장에서는 비정규직 노동자에게 임금을 다르게 줄 뿐만 아니라 수당이나 성과급, 휴가비 등을 주지 않기도 하고 일찍 출근시키거나 휴식 시간을 주지 않는 등 차별하는 경우가 많아. 심지어 출근 준비를 하는데 문자로 해고 통보를 하는 회사도 있어. 이러니 비정규직으로 일하는 노동자들이 불안할 수밖에 없어.

• **파견 노동** 일정 기간 본 근무지 외의 일터에 회사 노동자를 파견하는 것.

다른 노동자로 쉽게 대체되는 비정규직의 자리

　비정규직이 여러 면에서 좋지 않은 조건이고, 그러다 보니 사회적으로 힘이 약한 사람들의 비정규직 비율이 높아. 예를 들어, 비정규직에서 여성이 차지하는 비율이 높아. 통계청에 따르면 2023년 기준 여성 노동자의 비정규직 비율은 45.5퍼센트로 남성보다 15.7퍼센트 높았어.

　여성가족부가 발표한 〈2023 통계로 보는 남녀의 삶〉 보고서에 따르면 저임금 노동자 비율은 여성이 남성보다 두 배나 높았고, 시간당 임금도 여성이 남성 노동자의 70퍼센트 정도만 받았어. 예전에는 여성 노동자가 받는 임금이 남성보다 절대적으로 낮았다면 요즘은 비정규직에 여성이 많아서 그렇다고 봐.

성별 임금 격차와 유리 천장

그렇다면 왜 비정규직에 여성이 많을까? 비정규직이라는 말이 등장하기 전에도 여성은 남성에 비해 낮은 임금을 받았어. OECD가 공개한 각 나라들의 성별 임금 격차 통계에 따르면, 2022년 기준 한국은 남녀 임금 격차 31.2퍼센트를 기록해 조사를 받은 국가 중에 가장 격차가 컸어. OECD 국가의 평균 성별 임금 격차는 12.1퍼센트이니 두 배 이상 높은 거야. 한국에서는 여성이 100만 원을 받는다면, 남성은 131만 2,000원을 받는다는 거지. 한국은 1996년에 OECD에 가입했을 때부터 성별 임금 격차 순위가 계속 1위였어. 그만큼 한국에서 여성 노동자가 받는 차별이 크다는 거지.

왜 여성의 임금이 낮을까? 표면적으로는 여성이 비정규직 저임금 노동에 종사하는 비율이 높기 때문이지만 진짜 이유는 따로 있어. 여성은 임신, 출산을 하면 직장을 그만두는 경우가 많아. 본인이 계속 일하고 싶어도 남성 중심의 한국 사회에서는 여성이 아이를 양육하는 비율이 높거든. 그렇게 여성들의 경력이 단절되면서 임금이 계속 오를 수가 없는 거야. 시간이 지나 다시 취업하려고 해도 이전의 경력을 살리기 어렵고, 일과 가정 둘 다를 책임져야 하니 차라리 전문성이 필요하지 않은 단순한 직종이나, 최저 임금을 받고 정해진 시간만 일하는 아르바이트로 재취업하는 거야.

'유리 천장(glass ceiling)'이란 말 들어 봤어? 능력은 충분한데도 여성이라는 이유로, 흑인이라는 이유로, 장애인이라는 이유로 더 높은 지위를 맡지 못하는 상황을 가리키는 말이야. 영국의 시사 주간지 이코노미스트는 매년 3월 8일 여성의 날에 '유리 천장 지수'를 발표하는데 한국은 2013년부터 2024년까지 줄곧 최하위를 차지했어. 예를 들어 볼까? 국내 100대 기업의 여성 임원 비율은 매년 조금씩 올라가고 있긴 하지만 2023년 기준으로 여성은 6퍼센트밖에 안 돼. 100명 중 여섯 명만이 여성이란 이야기지. 왜 그럴까? 여성이 결혼이나 육아 때문에 일을 관두면서 더 높은 직급에 올라가지 못하는 이유도 있지만, 여성에게 중요한 일을 맡기지 않고 남성들끼리 지위를 나누는 문화 탓도 커.

다른 예를 들어 볼까? 국제의원연맹(IPU)은 매년 각 국가의 여성 의원(국회 의원, 지방 의원) 비율을 가지고 순위를 매겨. 한국은 몇 위일까? 2024년 기준 한국의 여성 의원 비율은 19.2퍼센트로 세계 126위였어. 일본이 10.3퍼센트로 165위이고, 미국은 29.1퍼센트로 72위였어. 세상의 절반은 여성인데, 여성을 대변할 의원 수가 적다는 건 그만큼 여성의 목소리를 내 줄 사람이 적다는 걸 뜻해. 이는 곧 불평등으로 이어져.

　여성이 차별을 당하고 행복하지 않은 사회에서 남성은 행복할 수 있을까? 한국의 출산율이 전 세계에서 가장 낮아진 건 이런 상황과 관련이 있어.

자유롭게 이동할 권리

혹시 '활동 지원사'라는 말 들어 봤어? 예전에는 '활동 보조인'이라 불리기도 했어. 장애인의 집안일이나 활동 보조, 외출 시 이동을 돕는 사람들을 활동 지원사라고 불러. 정부는 장애인이 일상생활이나 사회생활을 원활히 할 수 있도록 지원할 의무가 있어. 그리고 장애인이 독립해서 살기를 원한다면 활동 지원사를 파견해서 편하게 살 수 있도록 도움을 줘야 해.

대한민국 헌법 제34조 5항은 "신체 장애자 및 질병·노령, 기타의 사유로 생활 능력이 없는 국민은 법률이 정하는 바에 의하여 국가의 보호를 받는다."고 규정하고 있어. 국가가 장애인을 지원해야 한다는 건 헌법으로 일찌감치 보장되었지만 실제로 장애인의 활동을 돕도록 사람을 지원한 건 그로부터 한참 뒤였어. 2011년 10월부터 '장애인 활동 지원에 관한 법률'이 시행됐어. 처음에는 장애가 심한 사람만 지원받았지만 점차 지원 범위가 넓어지고 있어.

장애인이 이동하려면 지원이 필요해. 예를 들어, 휠체어를 이용하는 장애인들이 지하철이나 전철을 이용하려면 승강장까지 이동할 수 있도록 도와줄 시설이 필요해. 지금은 승강기와 계단 리프트가 마련된 역이 많지만 옛날에는 그렇지 않았어. 휠체어를 이용하는 장애인들은 대중교통을 이용하기 무척 어려웠지. 장애인들이 이동권(移動權)을 보장하라며 시위를 벌인 뒤에야 그런 시설들이 마련되었어.

버스도 휠체어가 탈 수 있도록 차체가 낮은 저상 버스를 도입하고 있어. 그렇지만 2023년 기준, 한국의 저상 버스 도입률은 전국 평균 26퍼센트 정도야. 저상 버스가 열 대 중 세 대도 안 되는 셈이고, 장애인이 탈 수 있는 시외 고속버스는 1퍼센트도 되지 않아. 사실상 없다고 볼 수 있어. 그러니 지금도 장애인들이 버스를 타고 고향에 가고 싶다는 시위를 할 수밖에 없어.

그런데 그런 보조 시설들이 꼭 장애인에게만 편리할까? 높은 계단을 오르내려야 하는 버스는 장애인만이 아니라 노인이나 어린이, 임산부나 유아차를 모는 사람에게도 불편해. 그러니 계단이 없는 저상 버스가 도입되면 장애인뿐만 아니라 이동이 불편한 모든 사람들이 혜택을 보는 셈이야. 장애인들의 권리를 보장하는 것이 다른 시민들의 권리도 함께 보장하는 거지. 그러니 모두의 편리함과 행복을 위해 조금 더 적극적으로 이동권을 보장하는 정책을 시행할 필요가 있어.

이동권은 가장 기본적인 권리야. 자유로이 다닐 수 있어야 기본적인 사회생활이 가능하니까. 기차나 지하철에 휠체어 사용자가 탈 때 다른 사람보다 시간이 더 걸리는 것은 사실이야. 그렇지만 몇 분도 안 되는 시간을 써서 소수자의 권리를 보장할 수 있다면 좋은 거 아닐까? 내가 들인 조금의 시간으로 누군가가 듣고 싶던 교육을 받고 새로운 사람과 관계를 맺을 기회를 얻는다고 생각해 보자.

차별과 혐오

　좋은 사회라면 약한 사람을 차별하지 않고 그 사람이 잘 자라서 공동체의 일원이 될 수 있도록 돌봐 줘야 해. 그런데 한국에는 아직 약한 사람을 차별하고 그들의 권리를 무시하는 일들이 많아. 대표적인 것이 '갑질'이지. 내가 손님이라는 이유로, 내가 사장이나 상사라는 이유로 노동자나 부하 직원을 무시하고 괴롭히는 것은 나쁜 짓이야.
　더 심각한 문제는 약자들의 권리를 존중하기는커녕 그들에 대한 공격이 혐오로 발전하고 있다는 점이야. 혐오는 단순히 좋고 싫은 감정을 넘어서 타자의 정체성을 부정하거나 차별하고 배제하려는 태도를 가리켜. 어떤 문제가 있으면 그 문제를 해결하기 위해 함께 노력해야 하는데, 이게 다 누구 때문이야, 누구만 없으면 아무런 문제도 없어, 이런 식으로 생각하고 그 사람의 존재 자체를 부정하는 거지. 예컨대 이주 노동자들을 향한 혐오가 있어. 이주 노동자들이 우리 사회를 운영하는 데 필요한 힘든 일들을 해 주고 있는데 말이야.

이렇게 누군가의 존재를 부정하고 헐뜯는 사회가 잘 유지될 수 있을까? 가장 힘들고 어려운 일을 맡고 있는 이주 노동자들이 다 사라지면 한국 사회가 정말 좋아질까? 오히려 힘든 일을 아무도 맡지 않으려 하면 사회가 더 나빠질 가능성이 커. 그러니 그들의 존재를 인정하고 권리를 존중하며 평등한 사회를 만드는 것이 모두에게 좋은 일이야. 타인을 향한 공격은 부메랑처럼 돌아오기 마련이야. 코로나바이러스가 퍼진 시기에 외국에서 한국인들이 겪었던 차별을 생각해 보자. 코로나바이러스가 동양에서 발생했다는 이유만으로 욕설을 듣거나 무시당했지.

무심코 하는 차별도 있어. 우리는 장애를 '이겨 낸' 사람에게 박수를 보내는데, 그건 장애를 나쁘거나 부족한 것으로 보는 거야. 예컨대 '처음으로 소리를 들은 청각 장애인'이라는 영상 아래 청각 장애를 극복한 감동적인 사례라는 설명이 덧붙었다고 생각해 보자. 장애를 왜 극복해야 할까? 극복은 부정적인 것을 이겨 낸다는 의미가 있어. 즉, 장애를 극복할 것으로 말하는 건 장애를 부정적인 상태로 보는 것과 같아. 장애를 있는 그대로 보고 어떤 사람이 장애를 가졌든, 가지지 않았든 동등하게 바라보는 시선이 중요해.

불평등한 사회는 차별을 겪는 사람들을 불안하고 공격적으로 만들어. 그런 사회에서는 누구도 행복할 수 없어. 그래서 타인이 겪는 불평등에 함께 문제를 제기하고 싸우는 사람들이 필요해.

4. 불평등과 싸우다

시대에 따라 달라지는 '권리'의 내용 · 호주제 폐지 운동과 성평등 · 노예제 폐지 운동과 형평 · 차티스트 운동과 참정권 · 노동 운동과 최저 임금 · 차별 금지 운동과 인권 · 장애인 운동과 이동권 · 청소년 운동과 아동의 권리

시대에 따라 달라지는 '권리'의 내용

대한민국 헌법 제2장 '국민의 권리와 의무'는 기본권에 관한 장이야. 헌법 제10조부터 36조까지 대한민국 국민이라면 마땅히 누려야 하는 구체적인 권리를 규정했어. 지금부터 그 내용을 알아볼게. 대한민국 헌법 제10조는 "모든 국민은 인간으로서의 존엄과 가치를 가지며, 행복을 추구할 권리를 가진다. 국가는 개인이 가지는 불가침의 기본적 인권을 확인하고 이를 보장할 의무를 진다."고 규정해. 모든 사람이 존엄한 존재로서 그 가치를 인정받고 행복을 추구할 수 있도록 국가가 보장해야 한다는 거지.

구체적인 권리를 논하기에 앞서 헌법 제11조는 "모든 국민은 법 앞에 평등하다. 누구든지 성별·종교 또는 사회적 신분에 의하여 정치적·경제적·사회적·문화적 생활의 모든 영역에 있어서 차별을 받지 아니한다."고 규정하고 있어. 즉, 국가는 차별을 없애고 평등을 보장하기 위해 특권을 인정하지 않아. 대통령이나 국회 의원, 대기업 사장이라고 해서 특권을 인정받을 수 없고 모두가 평등해. 그렇지만 현실에서는 소수의 힘 있는 사람들이 이런 규정을 무시할 수 있어. 그래서 헌법에서 국민의 기본권을 보장하는 거야.

어떤 게 기본적인 권리냐고? 국가의 불합리한 명령에 거부할 수 있고, 원하는 대로 이동할 수 있으며 직업이나 살 곳을 선택할 수 있는 권리를 '자유권'이라고 해. 자유권 중에서 특히 중요한 것이 자기 생각을 언론이나 출판물, 집회나 단체를 만들어 밝힐 권리야. 그리고 부당한 차별을 받지 않을 권리인 '평등권', 정부에 재판이나 보상을 청구할 권리인 '청구권', 정책 결정에 의견을 내고 정치 활동에 참여할 권리인 '참정권', 정부에 인간다운 생활을 보장할 것을 요구할 권리인 '사회권'이 헌법으로 보장되어 있어.

그런데 이런 권리들이 처음부터 잘 보장된 것은 아니었어. 투표권조차 제대로 보장되지 않던 시대도 있었고, 부패한 정부에 맞서 싸우던 사람이 감금되어 고문받거나, 신문을 압수당하던 시대도 있었어. 부당한 일을 당해도 재판조차 받지 못했던 시대도 있었고. 이런 문제들과 싸우며 새로운 역사를 만들어 온 사람들이 있었기에 지금의 권리를 보장받을 수 있는 거야.

그렇다면 앞으로는 어떤 권리가 중요해질까? 지금 전 세계 사람들은 '기후 위기'라는 심각한 공통의 위기에 맞닥뜨려 있어. 인간이 태우는 화석 연료 때문에 지구가 점점 더 뜨거워져서 기후가 바뀌고, 태풍과 폭우, 폭염과 혹한 같은 이상 기온 현상들도 자주 나타나고 있어. 그러다 보니 산불이 크게 나거나 쉽게 꺼지지 않고, 예상치 못한 홍수로 도시가 잠기기도 해. 시간이 흐를수록 기후 위기는 더 심각해질 거라고 해. 지금 세대보다 미래 세대에게 더욱더 큰 영향을 미칠 거야.

옛날에는 개인의 자유를 중요하게 여기는 자유권이 중요했다면, 앞으로는 국가 구성원의 생명과 안전, 행복을 보장하는 사회권이 점점 더 중요해질 거야. 권리의 중요성이 시대에 따라 조금씩 달라지는 거지.

그러면 이제 불평등과 싸우고 권리를 요구했던 운동에 대해 조금 더 구체적으로 알아보자. 평등은 불평등에 대한 싸움이다, 이렇게 이해하고 읽으면 좋을 거야. 누가 불평등에 맞서는 용기를 냈을까?

노예 제도를 없애기 위해 총을 들고 싸웠던 미국의 존 브라운, 여성에게 참정권을 달라며 경주마 앞으로 몸을 던진 영국의 에밀리 데이비슨, "노동자는 기계가 아니다, 근로 기준법을 준수하라!"며 자기 몸을 불살랐던 한국의 전태일 등 많은 사람이 목숨을 바쳐 시대의 불평등에 맞섰어. 지금은 역사에 이름을 남긴 사람들이지만 당시에는 평범한 시민이었어.

이 사람들은 왜 목숨을 던지면서까지 불평등에 맞섰을까? 자신이 아니라 다른 사람이 겪는 불평등에 왜 그렇게 열심히 싸웠을까? 타인의 고통에 같이 아픔을 느끼며 자신이 할 수 있는 일을 찾았던 건 아닐까? 그런 감수성을 가진 사람들이 인류 역사를 조금 더 나은 방향으로 만들어 왔어. 잘못이 계속되면 사람들은 희망을 버리고 절망할 테니까. 타인의 고통을 못 본 척하지 않고 맞서 싸운 사람들의 이야기를 들어 보자.

호주제 폐지 운동과 성평등

성평등은 성별에 따른 차별, 편견, 비하 없이 남녀의 차이와 다양성을 인정하도록 만들려는 노력이야. 생각해 봐. 조선 시대 왕들과 그 이후에 권력을 쥐었던 사람들 대부분이 남성이야. 왕실에 힘세고 똑똑한 사람들이 남성밖에 없었을까? 그렇지 않아. 여성은 애초에 중요한 결정을 내리는 높은 자리에 오를 기회가 없었어. 권력을 갖지 못했지.

심지어 20세기 초까지 여성은 앞서 얘기했던 기본권 대부분을 누리지 못했어. 결혼하지 않은 여성의 자유는 아버지에게, 결혼한 여성의 자유는 남편에게 구속받았고, 충분한 교육을 받지도, 사회적으로 중요한 지위에 오르지도 못했어. 자기 재산을 가질 수도 없었고 집안일에 얽매여 밖에서 일을 할 수 없거나, 일을 해도 아주 낮은 임금을 받았어.

호주제라고 들어 봤어? '호주'는 호적법상 한 집안의 주인을 가리켜. 요즘은 세대주라고 해. 호주제는 일제 강점기에 사람들을 통제하기 위해 만들어진 제도인데, 남성을 호주로 지정하고 여성은 아버지나 남편, 아들에게 속했어. 심지어 부부가 헤어지면 자식들은 남성에게 속하고 여성에겐 권리가 없었어. 이 제도를 폐지해야 한다는 여성 운동이 수십 년간 이어졌고, 마침내 2008년에 호주제가 폐지되었어. 여성 운동의 노력이 없었다면, 여성은 아직도 차별을 겪고 있었을 거야.

남성과 여성이 평등해야 한다는 건 무엇을 뜻할까? 똑같이 대해야 한다는 뜻일까? 그렇지는 않아. 오히려 성평등은 남성과 여성의 차이를 인정하되 그런 차이가 차별이 되지 않도록 보장하는 것을 가리켜. 2015년에 시행된 '양성평등기본법'에 따르면, 양성평등이란 성별에 따른 차별, 편견, 비하 및 폭력 없이 인권을 동등하게 보장받고 모든 영역에 동등하게 참여하고 대우받는 것을 말해. 가정이나 직장에서 여성이 평등하게 대우받고 임금이나 승진, 사회적인 지위를 남성과 평등하게 공유하는 거지. 이렇게 평등해지면 남녀 간의 관계도 좋아지고 사회도 행복해지지 않을까?

최근에는 남성과 여성이라는 두 개의 성만이 아니라 동성애자나 트랜스젠더처럼 다양한 성 정체성을 존중하는 방향으로 성평등이 논의되고 있어. 차이와 다양성을 존중하는 것이 차별과 불평등을 없애는 시작이야.

노예제 폐지 운동과 **형평**

인간이 다른 인간을 재산이나 물건처럼 소유하는 노예 제도는 가장 불평등한 제도라고 말할 수 있어. 스스로 남의 노예가 되려는 사람은 없기에, 노예 제도는 전쟁이나 침략, 인신매매 같은 폭력을 통해서만 유지될 수 있어. 그리고 노예 주인은 노예가 된 사람의 복종을 받기 위해 끊임없이 폭력을 쓰지.

이렇게 나쁜 제도가 왜 쉽게 사라지지 않았을까? 누군가는 노예 제도를 통해 많은 이득을 얻을 수 있었기 때문이야. 농장주나 공장주들은 마음대로 부릴 수 있는 노예들이 많으면 많을수록 유리했어. 미국에서는 노예 제도를 지지하는 사람들이 반대하는 사람들을 습격해서 살해하거나 집을 불태우는 일도 잦았어.

반대로 모든 인간이 평등한 권리를 누려야 한다고 생각했던 미국의 존 브라운은 강제로라도 노예 제도를 폐지해야 한다고 생각했어. 그래서 도망친 노예를 추적해서 잡아 오던 사람들과 노예 제도를 지지하던 사람들을 습격해서 죽였어. 존 브라운은 노예가 없는 나라를 세우기 위해 1859년에 연방 정부의 무기고를 습격했고 체포되어 교수형을 당했어. 존 브라운은 백인이었지만 흑인 해방을 위해 목숨을 걸고 싸웠어.

이런 싸움들이 계속되며 미국에서는 남북 전쟁이 일어났고, 1863년 에이브러햄 링컨 대통령은 남부의 노예를 즉각 해방한다고 선언했어. 1865년에는 미국 헌법이 수정되어 미국 내에서 어떤 노예 제도도 인정되지 않는다고 규정했어. 공식적으로 노예 제도가 폐지된 거지. 물론 제도가 사라졌다고 차별이 사라진 건 아니었어. 심지어 지금도 백인 우월주의를 주장하는 집단이 있어. 그래서 미국에서는 경찰의 과잉 진압으로 흑인이 사망하는 사건들이 발생할 때 '흑인의 생명도 소중하다(Black Lives Matter)'는 슬로건 아래 시위나 집회를 펼치고 있어.

노예 제도는 미국만의 일은 아니야. 한국에도 조선 시대까지 도망친 노비를 붙잡아 오는 '추노'라 불리는 사람들이 있었어. 노비는 조선 시대 최하층 신분이었어. 이들은 갑오개혁으로 신분 제도가 폐지될 때까지 많은 차별을 받았지. 하지만 이들에 대한 차별은 신분 제도가 사라진 뒤에도 쉽게 없어지지 않았어.

노비는 아니었지만 차별받는 신분도 있었어. 대표적으로 무당, 백정*(白丁), 광대가 있었지. 1923년 경상남도 진주에서는 차별을 당하던 백정들이 형평사(衡平社)라는 단체를 만들었어. 형평은 한쪽으로 치우치지 않게 균형을 맞춘다는 의미로 차별을 적극적으로 바로잡겠다는 의지를 뜻했어. 신분 제도는 폐지되었지만 종교 행사나 학교, 목욕탕 등에 백정이나 그 가족들은 출입하지 못하는 경우가 많았거든. 저울처럼 평등한 사회를 지향했던 이 단체는 모든 사람이 존엄하니 계급과 모욕적인 호칭을 없애고 교육을 장려해야 한다고 주장했어.

● **백정** 소나 돼지 따위를 잡는 일을 직업으로 하는 사람.

그렇지만 지금도 성씨와 가문을 따지는 풍토가 남아 있으니 한국에서도 차별에 맞서는 싸움 즉, 형평을 실현하려는 싸움은 현재 진행형이라고 봐야 하겠지.

차티스트 운동과 참정권

'보통 선거'라는 말 들어 봤어? 민주적인 선거의 4대 원칙이 보통 선거, 평등 선거, 직접 선거, 비밀 선거야. 한 명이 한 표씩 행사하는 평등 선거, 직접 투표하는 직접 선거, 투표 내용이 공개되지 않는 비밀 선거와 함께 보통 선거는 인종이나 빈부, 성별과 상관없이 일정한 나이를 넘어서면 누구에게나 투표권을 보장한다는 원칙이야.

그런데 처음부터 모두에게 투표권이 주어진 것은 아니었어. 19세기 영국에서는 일정한 재산을 가진 성인 남성만이 선거권을 가지고 있었어. 재산이 없거나 적은 노동자들은 투표할 수 없었어. 1838년 영국의 노동자들은 보통 선거와 비밀 선거, 의회 민주주의 등을 요구하는 인민헌장을 발표했어. 헌장이 영어로 차터(charter)라서 이 운동을 차티스트 운동이라 불렀어. 그렇지만 영국 정부는 이 운동을 억압했고, 10년을 싸웠지만 이들의 요구 사항은 받아들여지지 않았어.

그로부터 수십 년이 지난 1884년, 영국 정부는 선거법을 개

정해 성인 남성 대부분의 투표권을 인정했어. 불평등에 맞선 싸움이 곧바로 승리를 거두면 좋지만, 대부분이 많은 싸움을 거친 뒤에 여론이 바뀌고 시대가 변하면서 나중에 승리를 거두곤 했어. 그러니 당장은 실패해도 그 싸움이 쓸모없는 건 아니야. 이렇게 투표권은 확대되었지만 영국 여성은 제1차 세계대전이 끝난 후에나 투표권을 가질 수 있었어. 전쟁으로 남성들이 군대에 가 있는 동안 여성들이 일하면서 권리를 확보한 거지. 미국이나 유럽에서도 여성이 참정권을 획득한 건 오래되지 않았어. 미국은 1920년에, 프랑스는 1944년에 여성의 투표권을 인정했어.

한국은 어떨까? 1948년, 제헌 의원*을 선출하는 첫 선거를 실시했어. 21세 이상의 모든 국민에게 투표권이 주어졌지. 시작부터 보통·평등·비밀·직접 선거의 원칙이 모두 지켜졌어. 다른 나라보다 좀 늦긴 했지만 큰 싸움 없이 참정권이 보장되었어. 그렇지만 유권자들을 돈이나 물건으로 매수해 표를 얻으려는 시도는 매번 있었어. 그리고 경찰이나 정부 기관이 특정 후보자에게 투표하도록 압력을 가하거나 투표 결과를 조작하는 '부정 선거'가 끊이지 않았어. 참정권이 생겼지만 그 권리

* **제헌 의원** 헌법을 제정하기 위해 구성된 우리나라 초대 국회 의원.

를 잘 쓰는 방법은 제대로 논의되지 않았어. 싸워서 어렵게 얻은 것과 그렇지 않은 것의 차이가 있겠지.

그래서 한국에서는 국민들이 자발적으로 나서서 공정 선거 감시 활동을 벌이곤 했어. 선거를 공정하게 관리하는 건 너무 당연한 일인데, 당시 정부는 이런 국민들을 감옥에 가두곤 했어. 그런 억압을 견디며 싸웠던 사람들이 있기에 지금은 공정한 선거를 치르는 게 당연한 일이 되었어. 참정권은 중요한 정책을 제안하거나 그 정책에 영향을 미칠 수 있는 대표자를 뽑을 수 있다는 점에서 매우 중요해. 평등한 참정권은 민주주의의 기본이야.

평등한 참정권

공정한 선거 관리

노동 운동과 최저 임금

사장이나 관리자가 우리나 다른 노동자에게 옳지 않은 지시를 한다면 어떻게 해야 할까? 나를 모욕하거나 자존심을 건드리는 말을 들었다면 어떻게 대응해야 할까? 그 자리에서 항의하고 싸울 수도 있지만, 그것 때문에 불이익을 받거나 해고될 수 있다고 생각하면 그 지시를 거부하거나 항의하기가 어려워. 지위나 힘의 차이가 있는데 혼자서 싸우기는 어렵지. 그럴 때 노동조합이라는 게 있어. 노동조합은 노동자들의 권리를 보호하고 기업 내의 잘못된 노동 조건을 바로잡는 역할을 하는 단체야. 여러 노동자가 단결해서 자신들의 권리를 지키는 거지.

하지만 한국 정부와 기업주들은 노동자들이 노동조합을 만들지 못하도록 감시하고 방해했어. 공장과 회사는 마치 군대처럼 노동자들의 복종을 요구하고, 머리 모양이나 복장 같은 취향까지 간섭했어. 이런 상황에서도 노동자들은 노동조합을 만들려는 노력을 멈추지 않았고, 1987년 민주화 운동에 노동자들이 적극적으로 참여하며 노동조합법이 개정되었어. 노동조합 제한 규정을 삭제하면서 노동조합을 만들기가 훨씬 자유로워졌지.

대한민국 헌법은 노동자들의 권리를 보장해 주고 있어. 노동 삼권이라 불리는 단결권, 단체 교섭권, 단체 행동권이 바로 그 권리야. 단결권은 노동자들이 권리를 지키기 위해 노동조합 같은 단체를 만들고 가입할 수 있는 권리이고, 단체 교섭권은 노동 조건을 좋게 만들기 위해 고용주(회사)와 협상할 수 있는 권리야. 단체 행동권은 협상이 잘 안 되었을 때 단체로 행동할 수 있는 권리로 가끔 언론에 나오는 파업이 대표적인 방법이야. 헌법이 이렇게 노동 삼권을 보장하는 건 노동자들의 권리가 제대로 보장되어야 좋은 기업이 만들어지고 그래야 나라 경제가 좋아진다고 판단해서야.

전태일이라는 이름을 아니? 1960년대 서울 평화시장의 재단사로 일했던 사람이야. 같은 시장 내에 여성 노동자들이 겪는 차별에 분노해서 사장에게 항의하고 대통령에게 편지도 썼어. 그래도 차별이 바로잡히지 않자 자기 몸에 기름을 붓고 불을 붙였어. "근로 기준법을 준수하라!", "우리는 기계가 아니다! 일요일은 쉬게 하라!", "노동자를 혹사하지 말라!"라고 외

치며 노동자들의 인권을 지키기 위해 애썼지. 고용주가 지켜야 할 기본적인 노동 조건을 규정한 근로 기준법은 1953년에 제정되었지만 그 법이 제대로 지켜지지 않는 것에 전태일은 분노한 거야.

전태일의 죽음 이후에도 한국의 노동자들은 낮은 임금을 받고 오랜 시간 동안 좋지 않은 환경에서 일하다 건강이 나빠지곤 했어. 실업자들이 많으니 기업은 노동자들을 기계 부속처럼 넣었다 뺐다 할 수 있었어. 기업은 더 많은 이윤만 챙기려 할 테니 결국 정부가 나서야 했지.

1986년에 제정된 '최저임금법'은 임금의 최저 수준을 정해서 노동자의 생활을 안정시키고 노동력을 향상시키는 것을 목적으로 삼았어. 즉 노동자가 받는 임금의 최저 수준을 정한 거지. 보통 한 시간 단위의 임금(시급)으로 계산해. 노동자 입장에서는 최저 임금이 높아지면 좋고 고용주 입장에서는 낮으면 좋겠지. 그래서 매년 최저임금위원회는 노동계와 경영계, 전문가와 정부 관계자 등이 함께 논의해서 최저 임금을 결정해.

매년 합의가 쉽지는 않고 불만을 가진 노동계가 회의에서 빠진 상태에서 결정되는 경우가 많아.

다른 나라에서도 최저 임금 인상을 요구하는 시위들이 자주 벌어져. 미국에서도 패스트푸드점이나 유통업체에서 일하는 노동자들이 최저 임금 인상을 요구하는 시위를 벌이곤 해. 청소년 노동자도 마찬가지야. 성인과 똑같이 최저 임금을 받아야 해. 어리다는 이유로 임금을 적게 주는 것은 차별이니까.

노동자의 권리는 국제적으로도 보장받고 있어. 국제노동기구(ILO)라는 유엔(UN)의 전문 기관은 각 나라에 노동자들의 권리를 보호하기 위한 협약을 제안해. 한국도 이 협약에 가입했지만, 노동조합의 자유로운 활동을 방해하는 등 협약을 잘 지키지 않고 있다는 지적을 받고 있어.

차별 금지 운동과 인권

차별이란 무엇일까? 사전의 의미는 구별하여 다르게 대한다는 뜻인데, 합리적인 이유 없이 특정 개인이나 집단을 부당하게 대할 때 쓰여. 차별은 괴롭힘, 욕, 폭력, 부당한 금지 조치, 기회 제한 등 다양한 형태로 나타나. 인류의 역사를 살펴보면 사람을 차별하는 이유는 참 다양했어.

사람을 차별하는 이유로는 어떤 것들이 있을까? 가장 쉽게 떠올릴 수 있는 게 나이겠지. 나이가 어리다는 이유로 출입을 금지하는 노키즈존은 분명한 차별이라고 말했지? 학력도 한국에서 사람을 차별하는 주된 이유야. 직장에서 받는 임금이나 승진 등에서 차별을 당할 뿐만 아니라 일상생활에서 학력으로 사람을 무시하기도 해.

2001년에 제정된 한국의 국가인권위원회법은 평등권을 침해하는 차별 행위로 성별, 종교, 장애, 나이, 사회적 신분, 출신 지역, 출신 국가, 출신 민족, 신체 조건, 혼인 여부, 임신 또는 출산, 가족 형태 또는 가족 상황, 인종, 피부색, 사상 또는 정치적 의견, 성적 지향, 학력, 병력(病歷) 등에 따른 차별을 규정했어. 이러한 이유로 차별을 당했을 때, 국가인권위원회에 사정을 전달하면 위원회는 조사 및 개선을 요구하는 권고를 해.

예를 들어, 직원을 뽑을 때 나이나 성별을 제한하거나 기숙사에서 핸드폰 사용을 금지하는 것, 학교가 머리 모양을 지나치게 단속하는 행위에 대해 국가인권위원회는 개선을 권고했어. 결국 누군가가 문제를 계속 제기해야만 차별이 바로잡힐 수 있다는 이야기지.

당연한 이야기지만 차별을 금지하는 건 한국만이 아니야. 1964년에 제정된 미국의 민권법(The Civil Rights Act of 1964)은 인종과 피부색, 종교, 성별, 출신 국가를 이유로 차별하는 것을 금지해. 영국이나 독일, 스웨덴 등 유럽 대부분의 국가도 차별을 금지하는 법률을 제정하고 있어. 한국에서도 2011년부터 차별금지법 제정을 요구하는 운동이 벌어지고 있어. 시민들의 서명을 받고 도보 행진도 하고 국회 청원도 넣었지만 아직은 법이 제정되지 않았어. 그렇지만 그 과정에서 법의 필요성에 대한 공감은 커지고 있어.

차별을 금지하고 있지만 여전히 차별은 사회에 만연해. 사람들의 뿌리 깊은 편견 탓도 있지만 사회의 불평등이 심해지면 자원이나 지위를 놓고 경쟁이 치열해져. 그러면 약자를 위한 배려를 자신에 대한 차별로 인식하게 돼. 평등을 보장하기 위해 차별을 금지하는 것을 마치 자기 권리를 빼앗는 것처럼 여기는 거지. 그런 점에서 차별을 금지하려면 더욱더 평등한 사회를 만들어야 해.

장애인 운동과 이동권

앞에서도 잠깐 말했지만 이동권은 인간의 기본적인 권리이고 장애인에게는 이 이동권이 매우 중요해. 밖에 나갈 수 있어야 학교나 직장에 다니고 사람도 만날 수 있으니까.

그런데 한국의 도로나 인도, 대중교통은 장애인이 이용하기 어려운 구조야. 예를 들어, 인도가 너무 좁거나 턱이 높으면 휠체어가 오가기 어려워. 신호등이나 에스컬레이터의 속도가 너무 빨라도 마찬가지야. 점자 블록이나 점자 표지판이 제대로 갖춰지지 않은 곳도 많아. 버스나 기차 같은 대중교통에 장애인을 위한 장비나 지원사가 없어서 위험하거나 아예 시설을 이용할 수 없는 경우도 있지.

그래서 한국의 장애인과 장애인 단체들은 장애인의 이동권 보장을 요구하는 시위를 계속 벌이고 있어. 2001년 2월 6일, 장애인들이 지하철 1호선 서울역에서 선로를 점거하고 지하철의 운행을 막았어. 장애인도 학교와 병원에 가고 싶다며 이동권을 보장할 것을 요구했어. 장애인들의 시위가 계속되자

2005년에 '교통 약자의 이동편의증진법'이 제정되었어. 이 시위 덕분에 교통 약자 즉, 고령자, 임산부, 영유아를 동반한 사람, 어린이 등 일상생활에서 이동에 불편을 느끼는 사람들이 안전하고 편리하게 이동할 수 있게 되었지.

20년이 지났지만 장애인들은 지금도 버스 정류장과 지하철에서 시위를 벌이고 있어. 법은 제정되었지만 예산이 부족하다는 이유로 제대로 시설이 갖춰지지 않고 있거든.

사실 장애인들이 대중교통을 이용하는 것 자체가 하나의 시위야. 휠체어를 이용하는 장애인이 한 명씩 타기만 해도 버스나 기차의 대기 시간이 늘어나니까. 이 당연한 시간을 견디지 못하고 불편한 시선을 보내는 우리 사회가 더 문제 아닐까?

한국의 전체 인구 중 장애인 비율이 5퍼센트를 넘어. 100명 중 다섯 명이 장애인이라는 이야기야. 함께 살아가기 위해 그들의 겪는 불평등에 좀 더 귀 기울일 필요가 있어.

불평등에 맞서는 운동은 어떻게 하면 좋을까?

불평등에 맞서는 운동은 다양하게 벌어졌어. 폭력에 폭력으로 맞서기도 했지만 폭력을 사용하지 않는 비폭력 운동이 사람들을 설득하기에는 더 효과적이었어.

한국을 대표하는 비폭력 운동은 무엇일까? 촛불 집회라고 들어 봤어? 2002년에 신효순, 심미선 두 중학생이 미군 장갑차에 치여서 목숨을 잃었어. 한국과 미국은 협약에 따라 재판권을 의논해서 결정하는데, 미국은 자신들이 재판하겠다고 하고 사고를 일으킨 미군에게 무죄 평결을 내렸어. 이에 항의하는 시민들이 미국 대사관 앞에서 촛불을 들고 시위했어. 그 당시에는 밤에 집회를 여는 게 금지되어서 시민들은 추모의 촛불을 들고 침묵으로 미국에 항의했어. 2008년에는 미국산 쇠고기 수입에 반대하는 촛불 집회가 크게 일어났고, 2016년에는 박근혜 전 대통령의 탄핵을 요구하는 대규모 촛불 집회가 있었지. 성명서나 보도 자료를 발표하거나, 피켓이나 현수막에 요구 사항을 적어 1인 시위를 벌이는 방법도 있어.

기업에 항의하는 대표적인 방법은 불매 운동이야. 그 기업의 물건이나 서비스를 이용하지 말자고 공개적으로 알리고 단체로 행동하는 거지. 2019년에 일본이 한국에 수출을 규제하며 무역 제재를 하자 일본 물건을 사지 말고 여행도 가지 말자는 노재팬 불매 운동이 크게 일어났어. 2022년에는 노동자들에 대한 차별과 열악한 노동 조건에 항의해서 SPC라는 기업이 만드는 빵과 아이스크림을 사지 말자는 불매 운동이 일어나기도 했어.

    촛불 집회나 불매 운동 외에도 세금 납부나 투표를 거부하거나, 행사에 참여하지 않고, 공장이나 사무실로 출근하지 않는 등 불평등에 맞서는 다양한 운동이 있어. 이렇게 보면 싸움의 방법은 참 다양하지? 하지만 불평등에 맞서는 운동이 누군가의 권리를 침해할 수도 있어. 예컨대 일본 제품을 불매하는 활동이 가게의 폐업으로 이어지고, 불매 이유와 직접적인 관련이 없는 자영업자가 피해를 보기도 해. 그래서 불평등에 맞서는 운동이 또 다른 피해를 만들지 않도록 신중할 필요가 있어. 결국 더 좋은 세상을 만들기 위해 활동하는 거니까.

청소년 운동과 아동의 권리

청소년도 권리의 주체가 될 수 있을까? 당연히 그래야지. 1989년에 UN은 'UN 아동권리협약'을 만들었어. 여기서 아동은 성인이 되지 않은 만 18세 미만의 모든 사람을 뜻해. 이 협약에 따르면 아동이나 그 부모가 인종, 피부색, 성, 언어, 종교, 정치적인 견해 등에 따라 차별을 받지 않도록 정부는 그 권리를 보장해야 해. 이 협약에 따라 아동은 자신에게 영향을 미치는 모든 사안에 관해 자유롭게 의견을 표현할 권리를 가져. 표현의 자유, 사상, 양심 및 종교의 자유, 결사 및 집회의 자유, 사생활 보호 등을 아동의 권리로 보장하지. 한국도 1991년 11월에 UN 아동권리협약에 가입했고, 협약에 따라 이 권리를 보장해야 해.

그렇지만 아직 한국의 아동 권리는 높지 않아. 학교나 사회에서 차별에 맞서 의견을 내도 어리다는 이유로 무시하거나 머리 모양이나 복장을 마음대로 하지 못하게 하는 경우도 있어. 그래서 청소년들이 학교에서 시위하거나 국가인권위원회에 진정을 제기하고 국회 앞에서 참정권을 요구하며 집회를 열기도 했지. 이러한 노력 덕분에 2020년부터 만 18세 청소년도 선거권을 갖게 되었어.

청소년들은 자신들의 미래와 관련된 기후 문제에도 적극적이야. 2019년 '청소년기후행동'은 기후를 위한 결석 시위를 세 차례 벌이고 기자 회견문도 발표했어. "미래 세대라고 불리면서 열심히 공부하여 미래를 만들어 나갈 책임은 우리에게 주어졌지만 현재를 바꾸기 위한 권리는 우리 청소년들에게 주어지지 않았습니다." 어때? 자신의 미래를 어른에게만 맡기지 않고 주체적으로 행동하겠다는 의지가 엿보이지 않니? 어른들이 이런 목소리에 귀 기울인다면 더 많은 청소년이 자유롭게 권리를 주장할 수 있을 거야.

5. 완벽한 평등은 가능할까?

사회주의와 자본주의 · 경제가 성장하면 분배도 잘 이루어질까?
사회적 약자는 누구일까? · 복지란 무엇일까?

사회주의와 자본주의

혹시 사회주의라는 말 들어 봤어? 18세기에 일어난 프랑스 혁명과 산업 혁명 이후, 자원을 상품으로 만들어 이윤을 남기고 자본을 축적하는 경제 체제인 자본주의가 성장했어. 돈이 많은 소수의 자본가는 상품을 팔아 얻은 이윤을 독점했고, 다수의 노동자는 긴 노동 시간과 반비례하는 초라한 월급으로 근근이 먹고살았지. 이 시기에 증기 기관이나 전기를 다루는 과학 기술이 발전하면서 생산량은 엄청나게 늘어났지만 빈곤한 사람들은 여전히 있었어. 이러한 모순을 지적하면서 생산 수단과 부를 사회가 공동으로 소유해야 한다는 주장이 등장했어. 이것이 바로 사회주의야.

사회주의를 대표하는 말이 바로 평등이야. 자본주의가 개인의 소유권을 절대시하며 부의 불평등을 능력에 따른 것으로 정당화시켰다면, 사회주의는 소유를 사회화하고 부의 평등을 추구했어. 사회주의는 국가의 계획에 따라 경제를 운영하고 누구에게나 의식주를 보장해야 한다고 주장했어.

사회주의는 단순한 주장이 아니라 자본주의를 비판하는 실제 사회 운동이었어. 러시아에서는 차르라고 불리던 황제를 몰아내는 사회주의 혁명이 일어났고 중국에서도 혁명이 일어났어. 사회주의는 중앙 정부의 계획과 대규모 산업화 정책을 통해 빠른 경제 성장을 이뤘고, 두 차례의 세계 대전을 거치며 전 세계로 퍼져 나갔어. 그래서 20세기는 자본주의와 사회주의가 서로 대립했던 시대로 기록돼.

그렇지만 이 두 가지 체제만 있었던 건 아니야. 유럽과 아시아에서는 사회주의와 자본주의의 특성을 혼합한 체제가 등장했고, 시장 경제와 계획 경제, 산업화 정책과 농업 정책을 조화시키려는 시도도 있었어. 그 과정에서 자본주의 체제의 지나친 불평등을 바로잡기 위해 노동자의 복지도 강화되었어. 그러면서 유럽에서는 복지 국가가 등장했어. 1980년대 후반부터 사회주의 국가들이 잇달아 붕괴하면서 현재는 많은 나라에서 자본주의 체제가 자리 잡았어.

어떤 하나의 체제가 완벽한 평등을 실현하기는 어려워. 세상이 많이 복잡해졌고 사람들의 필요도 다양해졌거든. 완벽한 평등을 목표로 했던 사회주의가 실패했듯이 좋은 취지를 가진 제도가 좋지 않은 결과를 가져오는 경우도 있고. 그래서 하나씩 실험하고 점검하며 제도를 계속 고쳐 가는 과정이 중요해. 그러기 위해선 어떤 사안에 관해 누구든 자유롭게 의견을 말할 수 있어야겠지. 평등한 세상을 만드는 과정에서 민주주의가 중요하고 필요한 이유야.

경제가 성장하면 분배도 잘 이루어질까?

경제가 계속 성장하는 게 좋은 일일까? 경제가 성장하려면 새로운 상품과 서비스를 계속 생산해야 해. 그러려면 자원과 에너지가 필요한데, 그건 우리가 사는 지구에서 얻을 수밖에 없어. 그러니 경제가 성장하려면 석탄과 석유 같은 화석 연료가 더 많이 필요하고, 더 많은 생태계를 파괴해야 해. 경제가 성장하는 데 생태계 파괴는 불가피한 일이라고 얘기하기도 하지만 그렇다고 외면할 수도 없는 문제야.

요즘은 인공 지능과 빅 데이터 등을 활용한 4차 산업이 대세이고 이는 마치 무에서 유를 창조하는 것 같지만 실제로는 여기에도 많은 에너지가 필요해. 산업을 움직이는 노동력도 필요하고. 그래서 경제 성장은 생태계 파괴와 지구 온난화와 같은 기후 위기를 불러올 수밖에 없어.

그렇게 늘어난 부가 공평하게라도 분배되면 좋겠지만 소수의 사람이 많은 부를 가져가. 프랑스에 토마 피케티라는 경제학자가 있어. 부의 재분배를 연구하는 학자인데, 『21세기 자본』이라는 책에서 경제 성장과 더불어 부의 격차가 점점 더 벌어지고 있다고 주장해. 피케티의 분석에 따르면, 건물이나 주식 같은 자본에서 발생하는 수익인 자본 수익률이 경제 성장률보다 더 높다는 거야. 옛날에도 그랬고 지금도 그렇고. 그러면 어떻게 될까? 자산을 가진 사람들이 이득을 보니, 부가 점점 더 집중되고 불평등해지겠지. 그러면 경제 성장이 무슨 소용이겠어. 부자만 더 부유해지는데.

전체 소득 가운데서 어떤 분류 집단이 점유하는 소득 비율을 소득 점유율이라고 해. 〈세계불평등보고서 2022〉에 따르면 2021년 기준 북미(캐나다, 미국)는 상위 10퍼센트가 전체 소득의 45퍼센트를 가져갔고 동아시아(한국, 중국, 일본 등)는 상위 10퍼센트가 전체 소득의 43퍼센트를 가져갔어. 반면에 하위 50퍼센트의 소득 점유율은 유럽을 제외한 모든 국가에서 10퍼센트대를 기록했어. 심지어 이 격차는 수세기가 지나도 변하지 않았어. 1820년 이후 상위 10퍼센트는 평균적으로 전 세계 소득의 50~60퍼센트를 가졌지만 하위 50퍼센트의 평균 소득은 7~8퍼센트에 머물러 있어.

그래서 피케티는 누진적 소득세, 그러니까 소득이 많은 사람들에게 더 많은 세금을 걷거나 상속세를 늘려서 복지 제도

개미와 베짱이의 하루

를 강화해야 한다고 봐. 심지어 피케티는 누진세를 전 세계로 확대해서 글로벌 자본세(global capital tax)를 걷어야 한다고 제안해. 경제 성장과 분배가 함께 이루어지지 않으니 부를 분배할 새로운 방법을 찾아야 한다는 거지. 그렇지 않으면 현실은 사회적 약자들에게 점점 더 가혹해질 거야.

사회적 약자는 누구일까?

약자는 약한 사람을 가리키는 말이니 사회적 약자는 사회에서 다른 사람보다 약한 사람을 가리키는 말이겠지. 어떤 사람들이 약자일까? 남성에 비하면 여성이 약자, 성인에 비하면 아동·청소년이 약자, 청년에 비하면 노인이 약자, 비장애인에 비하면 장애인이 약자야. 이렇게 비교 대상에 비해 약한 사람들이 기회를 평등하게 누리려면 조건을 동등하게 만들어 줘야 해.

힘의 차이는 사회적 관계에서도 나타나. 예를 들어, 고용주와 노동자는 존재로서는 동등하지만 그 지위에서 힘의 차이가 생겨. 노동자는 임금을 받고 노동력을 제공하는 것이라 계약상으론 동등하지만 고용주의 지시를 따르지 않을 경우 일자리를 잃을 수 있기 때문에 고용주와의 관계에서 약자야.

조금 더 복잡한 예를 들어 볼까? 부자인 여성이 있고 가난한 여성이 있어. 남성도 마찬가지야. 여기서 부자인 여성과 가난한 남성 중 누가 사회적 약자일까? 이건 그 사회가 어떤 사회인가에 따라 달라질 수 있어. 빈부의 격차가 심한 사회라면 여성이라도 부자가 강할 테고, 성차별이 심한 사회라면 가난해도 남성의 힘이 강할 수 있어. 그래서 누가 약자인지 살피려면 그 사람만이 아니라 그가 사는 사회를 함께 살펴야 해.

사회적 약자를 잘 보살피는 건 언제나 중요하지만 각각의 관계에서 발생하는 힘의 차이를 세심하게 살피는 것도 중요해. 그래야 누가 진짜 사회적 약자인지를 잘 파악할 수 있어.

기후 위기와 탄소세

생태계가 파괴되면서 지구 온도가 오르고 그에 따라 이상 기후가 더 자주 발생하고 있어. 40도가 넘는 더위와 한 달 이상 이어지는 영하의 추위, 폭우를 동반한 슈퍼 태풍이 자주 발생해. 이러한 이상 기후는 예전에 없었던 현상이라 예측하기도 어려워. 오늘날 기후 위기는 전 세계 사람들이 함께 대응해야 할 가장 큰 과제가 되었어.

기후 위기를 해결하기 위해 UN을 비롯한 국제기구들이 가장 강조하는 과제는 이산화 탄소를 포함한 온실가스 배출량을 줄이는 일이야. 많은 국가가 온실가스 배출량을 줄이기 위해 석탄과 석유 같은 화석 연료 사용을 줄일 방법을 찾고 있고, 유럽 연합(EU)은 제품 생산 과정에서 배출되는 탄소량을 추정해 관세를 부과하는 '탄소 국경세'를 2026년부터 적용하기로 했어. 철강, 알루미늄, 비료 등 여섯 개 품목을 EU 국가로 수출하는 기업들은 탄소 배출량에 따라 관세를 추가로 내야 해. 그래서 한국에서도 탄소 배출량이 많은 기업들은 재생 에너지 사용량을 늘리기 위해 노력하고 있어.

　그런데 산업 혁명 이후 화석 연료를 마구 캐내서 경제 성장에 사용한 나라는 유럽과 미국 같은 선진국들이었어. 아시아나 아프리카 같은 제삼 세계는 자원을 약탈당하는 곳이었지, 화석 연료를 사용하는 곳이 아니었어. 기후 위기를 부른 건 선진국인데 그 피해는 전 지구가 함께 받고 있어. 특히 안전망이 부족한 제삼 세계는 기후 위기에 더 취약해. 이것도 아주 불평등한 일이지. 그래서 기후 위기 대응에 선진국이 더 많은 비용을 부담해야 한다는 비판의 목소리가 높아.

　그리고 탄소세가 기후 위기를 해결해 주지는 못해. 탄소세는 화석 연료 사용을 줄이는 수단일 뿐이지, 그 자체로 온실가스를 줄이지는 못하거든. 기후 위기를 해결하기 위해선 성장에만 매달렸던 경제 체제가 바뀌어야 해. 에너지를 많이 쓰는 선진국의 생활 방식도 바뀌어야 하고. 문제의 원인을 제공한 쪽이 더 큰 노력을 기울여야 해.

복지란 무엇일까?

　복지 국가라는 말 들어 봤지? 19세기의 국가는 주로 기업의 편에 서서 국가 경제를 성장시키는 일에 집중했어. 국가는 기업이 상품과 서비스를 판매할 시장을 넓히기 위해 다른 나라를 식민지로 만드는 일도 마다하지 않았어. 국가의 지원을 받으며 기업의 힘은 강해졌지만, 일하는 노동자들의 조건은 열악했어. 노동자들의 불만이 커지고 시위와 파업이 잦아지자 국가는 노동자들의 삶의 질을 높일 수 있는 정책들을 만들기 시작했어. 이것이 복지 국가의 시작이야.

　1942년에 영국 정부는 제2차 세계 대전으로 널리 퍼진 빈곤을 없애기 위해 베버리지 보고서를 만들었어. 이 보고서는 결핍과 질병, 무지와 불결함, 나태함을 없애려면 국가가 건강 보험, 실업 보험, 연금, 아동 수당과 같은 제도들을 적극적으로 활용해야 한다고 주장했어. 이 보고서를 바탕으로 영국은 '요람에서 무덤까지'라는 영국식 복지 제도를 만들었어. 국가는 사회의 안전과 행복을 위해 정부가 맡아야 할 최소한의 역할,

즉 국민의 최저 생계선을 제시하고 보장하는 역할을 맡았어.

이런 구상이 다른 나라들로도 퍼졌고 북유럽 국가들은 가난한 개인의 최저 생계를 보장할 뿐만 아니라 모든 국민에게 복지 정책을 적용하는 '보편적 복지'를 실현했어. 대표적인 것이 무상 교육, 무상 급식, 무상 의료, 공공 임대 주택 같은 정책이야. 가난해도 교육과 치료를 받고 거주하는 데 차별받지 않도록 정부가 보장하는 거지.

복지 국가들의 대표 정책인 평등 교육은 성적을 기준으로 학생들을 경쟁시키거나 등수를 매기지 않아. 학생이 수업을 통해 성취감을 느끼는 것을 더 중요하게 생각하지. 그래서 교사는 좋은 성적을 거둔 학생보다 성적이 좋지 않은 학생들에게 더 많은 신경을 써. 즉, 엘리트를 만드는 교육보다는 평범하지만 다양한 사람들이 건강하고 행복한 공동체를 만드는 교육을 지향해.

이런 사회에서 살아가는 사람은 자신이 속한 사회와 미래를 어떻게 생각할까? 미래가 안정적이니 불안이나 조급함이 줄어들 테고 그만큼 자신과 가족, 마을, 사회를 조금 더 생각하지 않을까? 평등한 기회를 얻고 건강하게 성장할 수 있도록 지지해 준 사회에 감사하고 이바지할 마음이 생기지 않을까? 복지 국가는 행복한 사회에서 성장한 행복한 국민들이 공동체를 지지하고 애정을 갖게 해.

    그렇다면 한국은 복지 국가일까? 한국은 복지 국가를 목표로 하고 있지만 복지를 실현할 구체적인 정책들이 부족하거나 정책을 실현할 예산이 부족하다는 평가를 받고 있어. 복지 국가가 되려면 국민들의 더 많은 관심과 참여가 필요해.

6. 평등한 사회를 위한 제도

국민기초생활보장법 · 국민연금 · 기본 소득 · 평등 3대장 교육·주거·의료

국민기초생활보장법

복지의 가장 기본은 가난하거나 약한 사람들을 돕는 거야. 정부에게는 혼자 힘으로 생활하기 어려운 사람들을 도울 의무가 있어. 한국에서는 1961년부터 생활 능력이 없는 사람들을 보호하기 위한 '생활보호법'이 시행되었어. 65세 이상 노인, 18세 미만 아동, 임산부, 장애인 등의 사회적 약자를 보살필 사람이 없을 때 최저 생계를 유지하도록 정부가 지원하는 제도야. 그 사람들에게 돈이나 물건을 직접 주거나 생활할 곳을 제공하고 치료를 받을 수 있도록 했어.

그런데 지원 조건이 까다로워 실제로 지원을 받을 수 있었던 사람이 많지 않았어. 그러다 2000년부터 '국민기초생활보장법'이 시행되었어. 일정 소득을 기준으로 최저 생계를 보장받지 못하는 사람들을 선별해 지원했어. 나이가 많지 않거나 장애가 없어도 생계를 유지할 만큼의 소득을 벌지 못하는 사람들도 지원받게 된 거야. 신체 조건이 좋아도 일을 구하기 어렵거나 일을 해도 너무 낮은 임금을 받는 사람들도 지원받는 거지. 그리고 생계나 의료, 주거만이 아니라 교육과 관련된 지원도 받을 수 있게 되었어.

직접 신청해야만 지원받을 수 있다는 건 다른 나라들과 다르지만 이 법을 제정하면서 한국도 복지 국가의 단계에 접어들게 되었어. 그렇지만 소득 수준을 따져서 지원하기 때문에 돈을 많이 버는 사람들이 부정한 방법으로 지원을 받는다는 논란, 생계를 도울 자식이나 부모(부양 의무자)가 있음에도 지원을 받는다는 논란, 지원을 받아야 할 사람들이 방치된다는 논란이 지금도 끊이지 않아.

여러 가지 보완해야 할 점이 많지만 중요한 건 이런 제도를 통해 최소한의 평등이 보장된다는 점이야. 사회 구성원이 연령이나 장애, 빈곤에 발이 묶이지 않도록 정부가 공정한 출발선을 보장하는 건 사회의 안정과 행복을 위해 중요해.

국민연금

최저 생계를 보장하는 제도와 함께 연금은 복지 국가를 대표하는 중요한 제도야. 한국에서는 공무원이나 군인처럼 특정 직업을 가진 사람들을 대상으로만 연금 제도가 운용되다가 1988년부터 일반 회사 노동자들까지 대상이 확대되었어. 그 후 농어민에게도 적용되다가 현재는 전 국민을 대상으로 국민연금이 시행되고 있지.

개인이 알아서 가입하는 사보험과 달리 국민연금은 국가가 보험료를 걷고 나중에 일정한 금액을 지원해. 만 65세부터 지원받는 노령 연금, 가족이 사망했을 때 받는 유족 연금, 질병이나 장애로 생활에 어려움을 겪을 때 받는 장애 연금, 국외로 이주하거나 국적을 상실했을 때 받는 반환금 등이 있어. 보험료를 낸 기간이 길어지면 그만큼 더 많은 연금을 지급받아.

일반 기업과 보험 계약을 맺어도 되는데 왜 국가가 이런 계약을 맺을까? 일단 국가는 기업과 달리 망할 가능성이 작잖아. 그러니 안정적이지. 그리고 기업과의 보험 계약은 여유 있는 사람들만 가능한데 국가가 나서면 모든 국민들과 계약이 가능하지. 즉 보편적인 복지를 제공할 수 있어. 연금이 있으면 노후에도 일정한 소득을 보장받을 수 있으니 미래에 대한 불안감이 줄어들고 혹시 사고를 당하더라도 빠르게 대처할 수 있어. 그러니 국민연금이 일종의 사회 안전망 역할을 하는 거야.

국민연금은 만 18세 이상, 만 60세 미만이면 모든 국민이 의무적으로 가입하게 되어 있어. 가입해서 매달 일정한 보험료를 납부하고, 소득이 없는 경우는 그 사실을 증명하면 예외로 처리될 수 있어. 그렇지만 국가가 보장하는 보험이라서 안전하고 혜택이 좋아 많은 사람이 국민연금을 납부하고 있어.

그런데 지금처럼 출산율이 낮고 고령화가 더 진행되면 보험료를 납부하는 사람은 줄고 받는 사람이 늘어서 국민연금의 안정성이 흔들린다는 걱정도 있어. 보편적인 복지를 위해 마련한 제도이니만큼 정부가 국민연금을 잘 운용하도록 국민들이 관심을 가지는 게 중요해. 다른 대비책들도 구상해야 하고.

기본 소득

기본 소득(basic income)은 어떠한 조건도 걸지 않고 국가가 일정한 금액을 국민들에게 정기적으로 지급하는 정책이야. 예를 들어 정부가 모든 국민에게 매달 100만 원의 기본 소득을 지급하는 거지. 소득이라는 표현을 쓰지만 소득보다는 수입이라는 말이 더 적절할지 몰라. 기본 소득의 취지는 노동에 따른 소득이 아니라 생활을 위한 수입을 보장하는 것이거든.

주변을 둘러보면 꼭 필요한 일이지만 노동으로 인정받지 못하거나 낮게 평가되는 일들이 있어. 예를 들어 가사 노동은 아무런 대가도 받지 않지만 필요한 노동이고, 도시 가구의 절반 정도의 소득에도 고되게 농사를 짓는 농민의 삶도 그렇지. 현실적으로 돈은 안 되지만 사회, 문화 발전에 기여하는 일이나 간병인들의 돌봄 노동도 꼭 필요한 일이지. 기본 소득은 그런 일들을 계속 할 수 있도록 돕고, 그만큼 평등한 사회를 만드는 데 이바지해.

이미 복지 제도가 있는데 왜 기본 소득을 이야기하는 걸까?

보통 복지는 조건에 맞는 사람들을 지원하는데, 어떤 조건을 거는 순간 그 조건을 검증할 기관이 필요해. 지금의 복지 체계는 지원을 받을 조건의 '증명'을 요구하고, 자신의 무능함을 증명하는 과정에서 수혜자들은 자존감에 상처를 입을 수밖에 없어. 엄연한 한 사회의 동등한 구성원임에도 마치 사회에 기생해서 사는 사람 같은 느낌을 받는 거지. 소득이나 자산의 양극화만이 아니라 이런 차별도 연대 의식을 파괴할 수 있어.

왜 공짜로 돈을 주냐고 생각할 수 있지만 모든 사람이 자기 나름의 방법으로 사회에 기여하고 있으니 무상(無償)은 잘못된 생각이야. 세상에 잡초는 없다고 하듯이 말이야. 그리고 한국에서도 만 65세 이상의 노인에게 매월 일정한 금액을 지급하는 기초노령연금제도가 이미 실시되고 있으니 기본 소득을 꼭 낯선 정책이라고 생각할 필요도 없어. 코로나바이러스가 창궐했을 때, 전 국민에게 재난 지원금을 지급하기도 했고. 그래서 지금은 대부분의 정당이 기본 소득을 주요한 정책으로 다루고 있어.

비슷한 취지로 기본 자산을 제공해야 한다는 이야기도 있어. 기본 자산 제도는 성인이 된 모든 사람에게 일정한 자산을 지급하자는 거야. 소득에서도 차이가 나지만 부동산을 비롯한 자산에서의 격차도 계속 커지고 있으니 이를 평등하게 만들어야 한다는 취지야. 한국의 경우도 전체 국민 중 상위 10퍼센트의 사람들이 절반 정도의 자산을 차지하고 있거든. 이런 격차를 줄이기 위해 만 20세 청년들에게 3,000만 원씩 주자는 청년기초자산제도가 선거 때 공약으로 나오기도 했어. 사회에 첫발을 내딛는 청년들이 조금이라도 가벼운 마음으로 시작할 수 있도록 지원하자는 취지야.

기본 소득은 점점 더 심각해지는 사회 양극화와 불평등에 대응하기 위한 제도야. 이 제도가 제대로 실행되려면 그 재원을 마련하기 위한 세금이 더 필요하고, 기존의 복지 제도와 함께 시행했을 때 문제는 없을지 꼼꼼히 검토해야 해. 어떤 한 가지 제도가 완벽한 평등을 보장할 수는 없어. 다양한 제도들이 서로 맞물려 사회 안전망의 빈틈을 채우는 거지.

평등 3대장 교육·주거·의료

우리가 조금 더 평등한 사회를 만들려고 한다면 어디서 시작하면 좋을까? 불평등이 가장 심각해지고 있거나 심각해질 수 있는 부분에서부터 시작해야 하겠지. 한국에서 격차가 점점 더 많이 벌어지고 있는 주요한 영역은 교육과 주거이고, 불평등의 영향이 점점 더 심각해지는 영역은 의료라고 볼 수 있어. 교육비와 주거비에서 부자와 가난한 사람의 격차가 점점 더 많이 벌어지고 있거든. 그리고 소득과 연령, 노동 시간, 생활 습관 등 다양한 원인이 얽혀 사람의 건강과 생명에 영향을 미치는 영역이 의료야. 그래서 이 세 가지 영역의 평등이 앞으로 더 중요해질 거야.

교육에서 평등이 실현되려면 무엇이 필요할까? 누구에게나 동등한 교육 기회를 준다고 해서 불평등이 저절로 사라지지는 않아. 그건 기본이고, 성적을 기준으로 평가하고 성적에 따라 보상하는 체계가 바뀌어야 해. 시험 한 번으로 승패를 결정하고 이긴 사람에게만 많은 보상을 주는 규칙도 바뀌어야 해. 교육의 의미 자체도 학교에서 하는 공부나 수업만을 뜻하지 않고 집과 사회에서 자신의 삶을 풍요롭게 만들 다양한 가능성을 누리는 것으로 확장되어야 해.

더 나아가 교육이 계층 이동의 사다리처럼 여겨지는 사회에서는 성공의 기준이 다양해져야 해. 의사나 변호사처럼 소수의 직업군이 아니라 농어민, 시민 단체 활동가, 사회 복지사처럼 다양한 직업군이 사회적인 인정을 받도록 해야 해. 특정 직업에 대한 지나친 선호가 줄어들면 다양한 직업군에 도전하는 사람들은 늘어날 거야. 교육에서의 평등은 사회에서 다양성이 인정되고 확장되는 과정과 맞물려 있어.

주택을 소유한 사람과 그렇지 못한 사람, 수도권에 사는 사람과 비수도권에 사는 사람, 도시에 사는 사람과 농어촌에 사는 사람들의 부와 삶의 질의 격차가 점점 커지고 있어. 주거의 평등을 이룰 방법에는 무엇이 있을까? 모든 주택을 국가가 구입해서 관리하면 평등해질까? 과거 사회주의 국가에서는 그렇게 주택을 관리했는데, 그 과정에서 생기는 부패가 또 다른 문제를 만들곤 했어.

그러면 어떤 방법이 있을까? 일단 수도권과 비수도권, 도시와 농어촌의 격차를 줄여야 해. 비수도권과 농어촌의 주택들을 정부나 공기업이 구입해서 공공 임대형이나 공동 관리 주택으로 만들어 주거비를 획기적으로 낮추면 어떨까? 그리고 생활 기반 시설과 문화 시설을 지역 특성에 맞게 만들면 이주하는 사람들이 늘어서 수도권 집중 현상도 해소되지 않을까?

보통 거주지 변경은 일자리와 연관되어 있으니까 비수도권과 농어촌 지방에 일자리를 창출할 필요도 있을 거야. 노동 조건이 좋은 공공형 일자리를 늘리거나 지역 간 임금 격차를 정부가 보조해 주는 방법이 있겠지. 이처럼 평등을 보장한다는 건 모든 것을 똑같이 만드는 게 아니라 균형을 잡을 수 있는 장치를 마련하는 것이야.

앞으로 가장 심각해질 문제는 아픈 사람이 제대로 치료를 받지 못하고 건강을 해치는 일이야. 기후 위기가 더 심해지면 야외에서 일하는 사람들의 건강이나 실내에 있어도 냉난방이나 통풍이 잘 안 되는 곳에서 일하는 사람들의 건강이 나빠질 거야. 그런 점에서 의료는 치료보다 사회적인 환경의 관리와 더 밀접한 관계가 있어.

특히 의료는 노동과 밀접한 연관성을 가지고 있어. 오랜 시간 힘을 많이 써서 일하는 사람이 건강을 유지하기는 어렵잖아. 한국은 OECD 국가 중에서 노동 시간이 길기로 유명해. 한국처럼 24시간 가게를 영업하는 나라는 외국에서 찾아보기 어려워. 건강한 사회가 되려면 노동 시간이 줄어야 하고, 충분한 휴식이 보장되어야 하겠지.

그리고 어디에 살고 있든 병원과 약국 같은 의료 시설을 충분히 이용할 수 있어야 해. 한국은 국민건강보험을 실시하고 있어서 의료 비용이 적은 나라에 속해. 그렇지만 정부가 운영하는 공공 병원이 전체 의료 서비스에서 차지하는 비중을 따지면 한국은 OECD 국가 중에서 꼴찌야. 그러니 공공 의료를 더욱더 강화할 필요가 있어. 교육, 주거, 의료 평등은 쉽지 않아. 하지만 고민하는 과정 그 자체로 가치가 있어.

평등과 인간의 존엄성

　지금까지 좀 더 평등한 사회를 만들려는 다양한 시도들과 그런 시도들이 만든 변화를 살펴봤어. 쉽지 않지? 그래도 차별과 불평등을 바로잡으려는 노력이 있었기에 우리가 사는 세상이 지금만큼이라도 나아졌다고 볼 수 있어.

　평등은 모두가 함께 행복하게 살아가기 위해 필요해. 평등할 때 우리는 상대방의 목소리에 귀를 기울일 수 있고, 다른 사람들도 내 이야기를 들어 줄 수 있어. 평등할 때 우리는 어려운 문제를 해결할 방법을 솔직하게 토론할 수 있고, 서로의 능력을 어떻게 쓸지 함께 결정할 수 있어. 평등한 사회에서 사람들은 상대방의 빈틈을 채워 줄 준비가 되어 있는 거야. 지금 당장 행복만 가득한 사회는 아닐지라도 언제든 함께 행복해질 준비가 되어 있는 사회지.

　반대로 우리가 평등하지 않다면 누군가가 내 목소리의 크기를 정하고 내가 살아갈 방향을 지시할 수도 있어. 우리가 평등하지 않다면 누군가가 내게 모욕을 줘도 저항할 수 없고 나를 부당하게 위협해도 잘못을 바로잡기 어려울 거야. 그래서 불평등한 사회에서는 사람들이 자신의 진정한 가치를 깨닫기 어려워. 소수의 사람을 제외하면 자신을 옥죄는 굴레에서 벗어나기 어렵거든. 내가 사는 사회가 평등하지 않은데 어떻게 평등을 지향할 수 있을까? 같은 높이에서 눈을 마주치고 얘기를 나눌 상대조차 찾지 못했는데 혼자서 변화를 만들어 낼 수 있을까?

존엄(尊嚴)은 사람의 지위나 가치는 해칠 수 없을 정도로 높고 엄숙하다는 점을 의미해. 뭔가 위인전에 나올 법한 사람을 가리키는 말처럼 들리지. 그런데 존엄은 남의 눈치를 보지 않고 묵묵히 자신이 옳다고 믿는 바를 실천하는 사람들을 가리키는 말이기도 해. 평등한 사회에 살기를 바라지만 않고 스스로 평등을 조금씩 실현해 가는 사람이지. 이렇게 자기 내면의 목소리에 귀를 기울이고 당당하게 살아가는 사람들이 늘어나면 평등한 사회란 너무 멀리 있진 않을 거야.

그리고 평등한 사회가 만들어져도 그렇게 우직한 사람들이 필요해. 완전한 평등, 완벽한 사회란 만들어지기 어려우니까. 우리가 평등한 구성원으로서 서로에게 관심을 두고 이야기를 나누다 보면 어느새 평등이 성큼 다가와 있을 거야.